각자도생 사회

각자도생 사회

2020년 03월 25일 초판 01쇄 발행
2021년 01월 05일 초판 03쇄 발행

—

지은이	전영수

—

발행인	이규상
편집인	임현숙
책임편집	강정민
편집 2팀	박은경 강정민
디자인팀	손성규 이효재
마케팅실	이인국 전연교 윤지원 김지윤 안지영 이지수
영업지원	이순복
경영지원	김하나

—

펴낸곳	㈜백도씨	
	출판등록	제2012-000170호(2007년 6월 22일)
	주소	03044 서울시 종로구 효자로7길 23, 3층(통의동 7-33)
	전화	02 3443 0311(편집) 02 3012 0117(마케팅)
	팩스	02 3012 3010
	이메일	book@100doci.com(편집·원고 투고) valva@100doci.com(유통·사업 제휴)
	포스트	http://post.naver.com/black-fish 블로그 http://blog.naver.com/black-fish
	인스타그램	@Blackfish_Book

—

ISBN 978-89-6833-253-1 03300

블랙피쉬_{Black Fish}는 ㈜백도씨의 출판 브랜드입니다.

* 잘못된 책은 구입하신 곳에서 바꿔드립니다.

이 도서의 국립중앙도서관 출판예정도서목록(CIP)은 서지정보유통지원시스템 홈페이지(http://seoji.nl.go.kr)와
국가자료공동목록시스템(http://www.nl.go.kr/kolisnet)에서 이용하실 수 있습니다.
(CIP제어번호: CIP2020010825)

각자
도생
×
사회

어설픈 책임 대신
내 행복 채우는

저성장 시대의
대표 생존 키워드

전영수 지음

블랙피쉬
Black Fish

각자도생은 왜 저성장 시대의
생존 키워드가 되었을까?

"내 살길은 내 스스로…."

한국 사회를 상징하는 키워드 중 하나는 '각자도생(各自圖生)'이다. 각자 살길을 스스로 도모한다는 의미다. 사자성어인데 정작 본고장 중국에는 없는 단어임에도 불구하고 한국 사회에선 자주 차용된다. 주로 환란이 닥칠 때 단골 단어로 소환되었는데, 1998년 외환 위기, 2014년 세월호 참사 때도 가장 많이 쓰인 용어였다. 2019년 직장인이 가장 많이 선택한 그 해의 사자성어 1위에도 이름을 올렸다. 한국 사회의 실존형 생존 키워드로 각자도생이 등장한 것이다. 싫든 좋든, 살아내자면 누군가를 의존하기보다는 자립할 수밖에 없는 시대 변화를 뒷받침한다.

한국 사회가 흔들리고 있다. 갈수록 불안정성과 불확실성이 밀려온다. 그 속도는 너무나 빠르고 범위도 넓다. 시간문제일 뿐 절대다수는 불행으로부터 벗어나기 어렵다. 이대로면 불안 사회를 넘어 위기 사회에 진입할 터다. 이를 두고 과잉 염려라거나 가공된 공포라고 폄하해선 곤란하다.

각자도생은 괜히 튀어나온 말이 아니다. 줄어든 안전지역은 사회 곳곳에서 확인된다. 가령 직장 공간은 위험 천지다. 어제의 동료가 떠밀리듯 물러나고, 낙타가 바늘구멍을 뚫듯 힘들게 취업에 성공했지만 미래는 보장되지 않는다. 사회도 그렇다. 배려나 양보는 사라졌다. 기성세대의 생존 원칙은 악다구니로 정리된다. 더 빨리, 더 많이 챙기려 운동장을 기울인다. 불안이 촉발시킨 그들만의 생존법이나, 결국엔 모두에게 자충수인 셈이다.

책임이 무거운 한국 사회,
각자도생은 시대 키워드

그래도 맞서고 버티는 건 가족 때문이다. 집 밖은 위험해졌지만 그래도 담담하고 용감하게 나서는 이유는 지켜낼 목숨보다 소중한 가족이 있기 때문이다. 우리는 가족이 있기에 냉혹한 사회에서 버텨내고, 인생의 지향점에 가족을 둔다. 단 아쉽게도 여기까지다. 살벌해진 시대 변화는 건강했던 가족 가치에까지 불행의 마수를 뻗

친다. 몇몇을 좌절시키며 강력한 공격 태세에 돌입한다. 현대사회는 삶의 토대이자 애정의 원점인 가족마저 상시적으로 위험에 빠트리고 있다. 그렇다고 무방비로 당할 수만은 없는 법. 생존을 위한 유력한 키워드는 각자도생이다.

'각자' 시작해 '도생'을 꿈꾸는 것. 스스로 본인을 챙겨 불행의 불씨에서 삶을 지켜내는 전략이다. 다양화되고 세분화된 가족 재구성으로 활로를 모색할 수 있다. 아직은 실험 단계지만, 세대를 불문하고 공감이 확산되는 분위기다. 본인만 살겠다는 이기성의 발로가 아니다. 각자 잘 살아내는 것이야말로 가족을 지켜내는 이타성의 실현인 까닭이다.

가족은 행복의 원천이자 동시에 불행의 단초를 공유하는 이율배반적인 공동체다. 삶이 힘든 거의 모든 이유는 가족과 중첩된다. 그래서 도미노처럼 구성원 한 사람의 위기가 전체 가족을 옥죄고 괴롭힌다. 가족이라는 프레임에 과도하게 덧대진 책임과 의무 때문이다. 이제 '만들어진 정상 가족'은 겉과 속 모두 변화의 기로에 섰다. 시대 압박에 맞서 새롭게 발견된, 행복을 지향하는 지름길로서의 각자도생을 실천한다.

이로써 가족은 시대 변화에 맞춰 최적화된 진화 모델을 지향한다. 바로 적자생존적인 가족 재구성이다. 실험 범위는 넓다. 구조·기능 등 전통 가족이 표준 모델로 채택해온 가족 시스템 전반을 아우른다. 2차 가족으로의 분화를 임무로 부여받은 미혼 남녀는 윗세대의 경로를 거부하기 시작했다. 결혼·출산을 연기하거나 포기하는 것을 시작으로 '정상 가족' 프레임에 맞선다. 취업 악화 등 금전적인 한계와 '자기다움'이라는 인생 가치의 가성비를 따져본 결과다. '귀찮은 가족'보단 '외로운 혼자'가 낫다는 인식도 확산됐다. 단신 생활이 꼭 고독일 이유도 없다. 타인과의 동맹 가족을 결성한 '한 지붕 여러 가족'의 대안적 주거 형태가 이를 벌충해준다. 부모 설득에도 적극적이다. 내 인생 스스로 살아갈 테니 은퇴 후의 삶은 알아서 챙겨두시라 협의한다.

살길은 스스로 만들겠다는 중년의 각자도생도 활발하다. 저성장이 본격화된 외환 위기 이후 사회에 진입했던 세대가 지금 40~50대에 들어섰기 때문이다. '혼자 살아도 괜찮다'는 이들은 비혼을 주도하고, 가족의 굴레가 없는 만큼 본인에게 충실하다. 한편에선 '중년 싱글'이 만들어낸 새로운 사회 문제도 부각된다. 부모 간병과 맞물린 독신 중년의 빈곤이 그렇다. 하지만 신중년에게는 거리낌없이 자기다움을 찾으려는 이혼과 재혼의 양상도 많이 나타나고 있다. 당당해진 새로운 가족 실험의 현장이다.

노년의 자립과 관련된 가족 재구성 실험도 잦아진다. 노년은 부양 자녀를 무한으로 지원하던 것에서 벗어나 새로운 인연을 찾거나 스스로의 가치 실현을 위해 변신에 나선다. 역시 지향은 각자도생인데, 가까이에 거주하는 근거(近居)형 대가족처럼 가족 효용과 본인 생활을 구분하는 시도도 힘을 얻는다. 최소한 가족에게 짐을 주지 않음으로써 전통적 노후 봉양은 기대조차 않는다.

저성장·고위험 시대, 각자도생적 삶의 출현

그렇다면 왜 각자도생적인 삶이 펼쳐지는 것일까? 청춘 남녀는 왜 기존 가족의 역할과 기능을 재구축하는 것일까? 세대 불문, '정상 가족'의 오해와 편견에서 벗어나려는 각자도생적 생존 전략에는 그럴 만한 이유가 숱하게 많다. 출발은 전통적인 가족 시스템이 현대사회와 만나 그 효용성을 상실한 것에서 비롯된다. 시대 변화가 제도 효용을 훼손시켰다면 바뀌는 게 옳다. 당장은 공고한 제도가 바뀔 리 없으니, 그럼에도 살아내야 할 현실이 먼저 변할 수밖에 없다. 행복하려는 개개인의 몸부림이 가족 재구성의 형태로 발현되는 셈이다. 당연한 흐름이며 자연스런 변화다. 미혼 청춘 등 자율적이고 개방성이 높은 후속 세대가 변화를 주도한다고 "요즘 것들은…"의 기성 잣대를 들이대는 건 무의미할 따름이다.

각자도생의 생존 방식을 추동하는 기저엔 저성장이 있다. 많은 원인 중 가장 강력한 인과관계를 갖는다. 미혼 청춘의 가족 구성은 원래 '고위험·고수익' 선택지였다. 한국 특유의 연공서열 임금 체계에서 저연령자의 소득은 밑바닥을 찍는 반면, 40대 이후에는 '실적 < 봉급'으로 보상받는 구조였기 때문이다. 가진 게 없으나 갈수록 월급이 늘어날 게 확실했으니 부양할 가족을 갖는다는 다소 위험한 선택에도 나름의 합리성이 존재했었다.

그러나 더는 아니다. 잠재 성장률조차 2%대가 고작인 저성장이 고착화됐다. 이제 미래 소득을 당겨와 부양할 가족을 구성한다는 위험을 군이 현실화할 근거는 줄어들었다. 혼자도 힘든 판에 결혼과 출산은 어림없다. 기존 가족도 저성장 앞에서 가족 기능의 재구성에 돌입할 수밖에 없다. 맞벌이로의 안착은 아빠다움·엄마다움이 아닌 개별 멤버의 평등한 질서를 요구한다. 전통 역할이 붕괴되니 가족 구성원은 각자 스스로 행복해지는 방식을 찾아 나선다.

복지 변화도 각자도생적 삶의 출현에 지대한 영향을 미친다. 원래 가족은 복지 수급의 최소 단위였다. 양육·봉양 등 호구지책은 웬만해선 가족 내부에서 공급하는 구조였다. 대가족이 경제적으로 합리성을 띤다고 주장된 배경이다. 하지만 현대사회는 달라졌다. 역시 저성장과 관련된다. 한국의 복지 시스템은 정부가 복지를 기업에 의탁하는 형식이다. 주거·교육·의료·노후 등의 복지 수요를 성장하는 기업들이 실적으로 책임지는 구조다. 그 대신 세금을 적게 거두고 기업에 많은 편의를 봐줬다. 고성장 사회에선 꽤 유효한 복지 시스템이었다. 그런데 이게 최근 급속히 붕괴되고 해체됐다.

가족 내부의 복지 공급을 도맡았던 고용 안정성이 경제 불황과 함께 무너졌기 때문이다. 최근 복지 예산이 급증하며 안전망을 강화하기 위한 다양한 정책이 목격되는데, 이는 기업 복지의 빈틈을 메우기 위한 것이다. 회사가 책임지지 못하니 정부가 나설 수밖에 없는 형국이다. 그나마도 정부에 완전히 기댈 수는 없다. 즉 기업 복지가 깨지고 정부 복지도 약하니, 남은 건 스스로 필요한 걸 마련하는 수뿐이다. 각자도생이다. 이렇게 가족을 만들지 않고, 만들어도 본인 중심의 기능과 역할 조정으로 부담을 낮추는 대안적 삶이 등장했다.

각자도생의 출현에는
분업 구조와 인식의 변화도 한몫

수요는 공급을 낳는 법. 새로운 욕구는 새로운 무대를 창출한다. 현대사회 역시 다양한 변화의 흐름과 함께 각자도생적 삶을 뒷받침하는 다양한 보완재와 대체재를 선보인다.

과거엔 4인 가족을 필두로 한 소비가 일반적이었다. 재화·서비스 모두 복수 멤버를 전제로 한 가족 구성원에 맞춰 출시됐다. 반대로 1인 가족은 상대적인 역차별에 노출됐다. 무엇을 사든 비싸게 사고도 남길 수밖에 없는 미스 매칭이 발생했다. 그러나 지금은 다르다. 자본주의의 에너지인 분업 구조가 끝판까지 치달은 결과 무엇이든 분업으로 제공받을 수 있다. 구매력만 존재하면 불편과 불만은 해소된다. 과거 적분 중심의 소비를 했던 사회는 현재 미분 중심의 소비로, 즉 각자 원하는 수요에 맞춰 공급받는 구조로 소비의 행태가 달라지고 있다. 싱글을 위한 집은 흔해졌고, 먹거리 산업조차 1인화가 블루우션일 정도다.

한편 성장·복지·산업 등의 외부 변화만 각자도생적 삶을 심화시키는 것은 아니다. 가장 중요한 변화는 전통적인 정상 가족을 원치 않는다는 인식 변화다. 가족을 구성하는 것만이 꼭 행복이라는, 고정관념에의 도전인 셈이다. 행복할 확률이 반반일 수밖에 없는 가족 구성을 굳이 택하지는 않겠다는 의미다. 미혼 청춘은 부모를 비롯한 인생 선배들의 조언처럼 결혼한들 행복할 자신이 없다. 이들은 한정된 자원을 두고 강요된 희생 속에서 가족이 굴레가 되는 삶을 굳이 선택하지 않는다.

다양화되고 세분화된 인생 가치도 한몫했다. 가족 구성보다 앞서는 자아실현의 의지가 그렇다. 가까스로 커플을 이뤄도 '결혼→출산'의 연결 고리는 끊어진다. 자녀 없이 커플만의 삶을 살거나, 사실혼이되 '헤쳐 모여'를 염두에 둔 동거도 날로 늘고 있다. 더불어 성 역할은 물론 연령에 대한 고정관념도 각자도생 앞에선 무너진다. '남녀노소'에 부여된 과거의 기준은 더 이상 통용되지 않는다. 가령 청년은 연애를, 중년은 희생을, 노년은 은퇴를 거부한다.

이상 징후가 시작된 정상 가족에서의 탈출 실험은 세계의 흐름과도 일맥상통한다. 각자도생은 성장이 정체된 후 성숙 사회로 진입한 주요 선진국에서도 광범위하게 목격된다. 환경 변화가 가족 효용을 쇠퇴시킨 것에 대한 반발적인 흐름이다. 가족을 지향하는 것보다 개인의 가치를 중시하는 서구일수록 더 그렇다. 가족 단위의 질서 대신 개인의 자율성과 평등주의가 현대사회에서의 생존에 더 적합해서다. 결혼조차 제도적 법률혼보다 현실적 사실혼(=동거)이 유럽에선 대세다. 이런 가족 유형의 다양화는 곧 제도화로 흡수된다.

미국에선 재혼형 가족 재구성도 압도적이다. 미국인의 절반 이상이 인생에 한 번은 재혼 가정에 속한다는 분석이 있을 정도다. 극단적인 사례지만, 일본에선 일부다처제까지 실험된다. 서로가 원하는 일이니 눈치 볼 필요는 없다는 투다. 시대가 변했는데 개념이 그대로면 곤란하다. 쓸데없는 논란만 부추긴다. 문제일 것도 없는 게 문제로 부각될 따름이다.

각자도생을 실현하는 다양한 실험은 보다 확산될 전망이다. 급증하는 1인 가구의 등장이 각자도생 사회를 위한 담론 형성을 촉발했지만, 아직은 초기 단계일 뿐이다. 세대 불문 다양한 활동이 늘어가고 있다. 특히 미혼 청춘들의 새로운 가족 실험은 이들이 나이를 먹을수록 한층 세분화된 유형으로 안착할 확률이 높다.

새로운 각자도생 실험이 어떻게 정의되든 이 시대 트렌드라면 주목해 살펴볼 필요가 있다. 개별 효용은 물론 사회 전체로 봐도 실보다 득이 많아서다. 스스로 잘 살아내려는 한국 사회의 신(新)공생 트렌드야말로 복지 파탄과 사회 비용의 함정으로부터 벗어나는 자구책이 될 것이다. 불용(不用) 가족이 된 피붙이를 방치해선 곤란하다. 이때 본인과 가족의 관계성을 끊임없이 재조립하는 유연한 가족 실험은 유력한 돌파구가 되어줄 것이다.

은퇴는 빨라지고 수명은 길어진 저성장 한국 사회에서 '각자도생'은 결코 이기적이지 않은, 거부할 수 없는 흐름이다. 어설픈 책임감 대신 내 행복을 먼저 채우자는 이 생존법은 사회의 활력을 책임지는 새로운 삶의 방식이 되어줄 것이다. 개인의 삶이 '우리'라는 굴레에 갇힌 한국 사회에서 부디 이 책이 개인과 공동체의 행복을 지켜내는 새로운 논의의 장이 되길 바란다.

차례

프롤로그: 각자도생은 왜 저성장 시대의 생존 키워드가 되었을까?　4

1부
×
한 사람의 위기가
전체의 위기가 되는 사회

살얼음판에 선 현대 가족　19

정상 가족의 해체, 파탄일까 진화일까?　28

'일하는 엄마' vs '밥하는 아빠'의 메시지　36

'외로운 혼자' vs '귀찮은 가족'의 한 판 대결　45

2부
×
세대 불문, 무거운 책임에서
벗어나고 싶은 개인

청년, 집을 살 능력도 의지도 없다!　57

부모님? 효도요? "아, 몰라요 몰라"　67

'가족 vs 자유'의 딜레마 속 중년의 선택　75

새로운 중년 숙제 '부모에 형제까지 어떡할꼬'　83

기생충이냐 캥거루냐, 가족 난민 탈출구　92

3부
×
각자도생의
'1인분 책임 사회' 등장

결혼은 결코 정답일 수 없다   103

동거가 어때서 그러시나요?   111

꿈과 현실 사이, 중년의 달라질 미래   122

중년 싱글, 그들이 살아가는 법   132

이제 양육은 끝났습니다!   138

새로운 인연에 늦은 때란 없다   147

인생 100세 시대의 새로운 노년 방정식   157

4부
×
개인의 행복으로
공동체를 지키는 사람들

한 지붕 각자 가족, 셰어 하우스가 품은 뜻   169

회사, 동료는 결코 가족일 수 없습니다!   182

영화 〈어느 가족〉이 던진 낯선 현실의 화두   190

이혼 후 당당해진 중년의 새로운 가족 실험   198

'따로 또 함께'가 만들어낸 변형 대가족   209

마지막 살 곳은 내 손으로 미리미리   217

에필로그: 어설픈 책임감에서 벗어나 개인의 행복을 채우다   228

1부

×

한 사람의 위기가
전체의 위기가 되는 사회

살얼음판에 선
현대 가족

"우리는 가족공동체의 일원으로 존재한다. 홀로 떨어진 섬처럼 존재하지 않고 가족이라는 정서적 울타리에 묶여 있으며, 가족 안에서 이전 세대의 가족들과 연결되어 있다. 그리고 우리가 겪고 있는 문제의 상당수는 단지 나의 실수와 잘못에 의해 생기기보다 이런 가족체계와 관련해서 생겨난다. 나를 평생 동안 괴롭히던 문제가 나와 아무 상관없는 곳에서 왔다는 사실을 받아들이기는 매우 어렵다."[*]

가족이 위험해졌다. 한층 더해 가족은 이제 '문제'로 전락했다. 행복의 원천이라 여겨졌던 가족이 불행의 씨앗으로 자리매김한 것이다. 내 삶이 아프고 힘든 원인의 상당 지분이 가족에게 있다면 상황은 심각해진다. 사라지든 변화하든 살얼음판에 놓인 현대 가족을 구해내는 게 시급하다.

가족을 둘러싼 위험은 전방위적이다. 개별 차원의 단순한 갈등 양상부터 복잡한 시대 화두까지 얽히고설켜 한국의 현대 가족을 괴롭히고 뒤흔든다. 앞의 발췌문처럼 개인 불행의 원점을 가족에서 찾는 분석은 많다. '가족끼리 왜 이럴까?' 싶은 사례마저 부지기수다. 천륜을 깬 패륜 사례도 흔해졌다. 주변만 봐도 가족 때문에 불행을 호소하는 경우가 일상다반사다. 겉으론 행복과 화목이 먼저 떠오르는 집일지언정 정도의 문제일 뿐 저마다의 갈등은 내재될 수밖에 없다.

거세지는 반(反)가족 에너지

확실히 가족은 힘들다. 정확히는 '힘들어지고 있다'의 진행형에 가깝다. 동서고금 가족이란 존재는 만만찮은 숙제였다. 가족도 결국엔 남이다. 내 자신조차 잘 모를 판에 타인일 수밖에 없는 가족을 온전히 이해하기란 어렵다. 시대별로 갈등을 줄일 만한 통제 기제는 있었겠으나, 그렇다고 완벽한 행복 조직을 완수하기란 쉽지 않은 과제였다. 하물며 현대사회의 '반(反)가족' 에너지는 더 매몰차졌다. 돈과 마음 모두 가족과 만날 때 갈등이 증폭되는 신호를 곳곳에서 보낸다.

적지 않은 가족 문제가 단발적으로 시작해 종국엔 연쇄적이고 전체적인 회복 불능의 상황을 초래한다. 비유컨대 '도미노 가족'의 출현이다. 도미노처럼 하나가 무너지면 모두가 쓰러지는 무방비한 현실 가족이 대량 등장한 것이다. 연쇄 붕괴를 촉발할 거대한 방아쇠는 필요없다. 알고 보면 작디작은 입김만으로 도미노 가족은 넘어진다. 시대가 주는 압박이 '상처받는 불행 가족'의 흐름을 만들어 내고 있다. 정상 가족으로 여겨졌던, 부모와 자녀 둘로 구성된 4인 가족 모델은 혼란에 빠졌다. 근대 이후 100여 년의 장구한 역사와 보조를 맞춘 정상 가족은 설 땅을 잃었다. 개념은 수정되고 구조는 약화된다. '19세기 모델을 20세기 제도가 21세기 가족에게 강요한다'며 몰매를 맞는 형국이다.

　　변주는 시작됐다. 정상 가족의 오랜 모델이 파기되고 대안적인 가족 제도가 모색되고 있다. 전통적인 잣대도, 상식이나 제도도 무의미하다. 사회는 점차 복잡한 모습으로 새로운 가족 구성을 지향한다. 정상 가족파의 저항도 많지만, 신경 쓸 필요는 없다. 여론보다 중요한 건 생존, 우선할 건 본인의 행복이다. 그 끝에 '테트리스 가족'이 있다. 벌어진 틈에 맞는 블록을 끼우는 테트리스처럼 가치·조건·욕구별로 새로운 가족을 재구성하는 시대 흐름에 올라타 행복을 찾겠다는 차원이다.

도미노 가족의 몰락,
각자도생의 결과로서 등장한 테트리스 가족

테트리스 가족은 각자도생이 실현된 결과다. '헤쳐 모여'와 '따로 또 같이'로 혼자이되 함께를 지향한다. 보기엔 이기적일지 모르나 충분히 자생적인 의미로 본인의 행복을 극대화하는 전략이다. 정상 가족이 부여한 불행 도미노의 낡은 프레임 대신, 알아서 스스로 행복 컨베이어를 구축하려는 새로운 가족 실험이다. 본인 가치의 실현을 최우선으로 두고 계산한 빈틈없는 끼워맞추기란 점에서 테트리스와 닮았다.

테트리스 가족은 전통 가족에의 반발이자 행복을 찾으려는 이들의 새로운 시도다. 획일적인 가족 모델에 얽매이기보단 다각적인 가족 조합을 통해 개인의 자유와 가족으로서의 기능을 함께 확보할 수 있다. 혈연이 전제된 여럿이 아니라도 개인의 간편한 생활이 얼마든 가족 기능을 품어 안을 수 있어서다.

테트리스 가족은 그 조합이 무궁무진하고, 나날이 세분화된다. 출발은 부모와 자녀로 구성된 4인 체계의 분화다. '싱글 가족'의 출현을 대표적인 예로 들 수 있다. 독거 인구·1인 가구·단독 세대·단신 거주·평생 비혼 등 다양하게 불리되 내용은 비슷하다. 반드시 법적혼이 전제된 미혼 가구만 싱글 가족인 것은 아니다. 사별·이혼·졸혼을 거친, 즉 기혼 경험이 있는 1인 가구도 싱글 가족의 한

축이다. 또 중고령의 싱글도 뚜렷한 트렌드다. 1인 가구는 이미 가족 전체 유형 중 최대 비중을 차지한다. 2019년엔 그 비율이 29%로 치솟았는데, 2047년엔 37%에 달할 전망이다. 그나마도 보수적인 추정치로, 현재 조건이 유지될 것이란 토대로 늘려잡은 결과이기 때문이다. 우리 사회가 더 결혼하지 않고, 더 오래 살면 1인 가구는 한층 늘어날 수밖에 없다. 시대가 이러니 싱글 가족을 비정상으로 낙인찍어선 곤란하다. 어쩌면 시대 변화에 최적화해 효용의 극대화를 염두에 둔 자발적인 선택일지 모른다.

싱글 가족이 왜 가족이냐 반문할 필요는 없다. 혼자 사는 건 가족이 아니란 판단은 퀴퀴한 고정관념일 뿐이다. 함께 산다고 꼭 가족일 수 없듯 혼자 살아도 가족은 있다. 결혼과 출산을 통한 가족 분화에 생각이 없을 따름이다. 당장 부모와의 1차 가족도 '따로 또 같이'의 대상이다. 각자도생을 실현할 뿐 가족 관계에는 변화가 없다. 도미노처럼 연쇄적으로 밀려오는 불행을 차단하는 것이지, 가족 관계 자체를 포기하는 것이 아니다.

가족 간 '따로 또 같이'는 참여하되 개입하지 않고, 자유롭되 얽매이지 않는 식이다. 완벽한 타인화로 오해해선 곤란하다. 적당한 거리 두기로 서로를 지원하는, 최소한의 각자도생이다. 그러니 2차 가족을 구성하겠다는 결심은 더 신중하고 묵직해진다. 그래서 싱글 가족이 부각된다. 부족한 가족 기능은 새로운 테트리스로 얼마든 보완하고 보충할 수 있기 때문이다. 타인과의 적극적인 동맹이 가족 기능을 뒷받침해준다.

테트리스 가족의 확대, 혈연을 넘어선 가족 결성까지

가족 구성을 처음부터 포기한 후 비혼을 택했든, 결별 이후 재구성 없이 싱글 생활을 지속하든 이 같은 싱글화에는 가족 해체라는 공통점이 있다. 1인 가구가 가족 해체의 결과라면 다른 형태의 결합 실험은 가족(기능)을 재구성하려는 시도에 가깝다. 따라서 가족 구성의 대전제인 결혼 제도에서 벗어난 형태지만, 궁극적으로는 유대·소속·동질감이라는 가족 기능을 지향해 사실상 변형된 가족 모델로 보는 게 낫다. 작게는 동거 가족부터 크게는 공동체 가족까지 아우른다. 동성 커플로 이루어진 가족도 있고, 법률상 부부지만 무자녀를 택한 경우도 있다. 최근엔 자발적으로 아이를 낳지 않는 부부가 많은데, 젊은 부부를 중심으로 경제적·심리적인 이유로 아이 없이 둘이서 행복하자는 가치관의 변화가 생긴 탓이다. 테트리스의 다른 조합일 뿐이다.

대가족주의로의 회귀도 테트리스 가족의 한 유형으로 볼 수 있다. 저성장 사회 속에서는 오히려 가족 복지가 보장되는 대가족이 또 하나의 대안이 되기 때문이다. 여기에 기본적인 애정 기능까지 갖추고 있으니 그 정합성은 높아졌다고 볼 수 있다. 한편 국제 이동이 활발해지면서 다문화 가족도 관심사로 떠올랐다. 혈연과 타인이 뒤섞일 수 있는 재혼 가정의 출현도 주목된다. 재혼 가정은 현재 증가세인데, 자녀의 굴레에서 벗어나 자기다움을 우선하는 부모들이 늘기 시작한 데서 기초한 것으로 보인다.

초혼·재혼의 결합마저 흔해진 시대다. 한부모 가정·조손 가정·원거리 가족 등도 기존의 관념을 벗어난 비정형적인 가족 변화의 단면이다. 이혼 장벽이 낮아졌고, 부모 부재가 늘어났으며, 주말이나 방학 때만 만나는 원거리 별거 모델도 흔하다. 드물지만 입양 가족도 혈연을 넘어서 법적 인정을 받은 새로운 가족 구성이다.

가족은 애정적인 집단으로 현대사회의 유일한 피난처다. 그러나 동시에 재정이 개입되고, 책임과 의무의 불균등한 배분이 발생하는 권력행사의 장이다. 사회 전체로는 통합 구성원을 배출해 과거와 미래를 연결해주는 기초단위다. 즉 가족은 양가성Ambivalance이 존재해 치열한 혼란이 잠재된 공간이란 평가가 많다. 상반된 인식 탓에 긍정론과 부정론을 모두 갖는다는 특징이 있다. 화합과 갈등, 자율과 의존, 애정과 권위, 휴식과 노동, 사랑과 증오, 개성과 협동 등 대립 감정이 본격적이다.[**] 그나마 전통 가족은 부계중심성을 내

[**]   한국가족문화원 편(2009),《새로 본 가족과 한국 사회》, 경문사, pp.29-33.

세워 반발을 누르며 제도를 유지해왔다. 그러나 지금은 아니다. 전통 가족은 가족의 역할을 둘러싼 인식 변화 속에 방향타를 잃었다. 생각조차 못한 낯선 가족 결합은 물론, 일부는 가족 구성 자체를 거부하며 전통 규범에 맞선다. 테트리스 가족의 출현 배경이다.

가족 변화는 자연스럽다. 옳고 그르냐의 가치 판단은 무의미하다. 긍정적일 수도 부정적일 수도 있겠으나 중요한 건 가족 변화는 엄연한 현실 이슈로, 향후에도 계속될 가능성이 높다는 것이다. 가족 변화가 개개인의 자발적인 선택의 결과란 점도 심상찮다. 생활 환경 및 인식의 변화와 맞물린 단순한 붐이 아닌 메가 트렌드로 심화될 수 있어서다. 즉 '가족 모델이 변화하고→가족 가치관이 변화하여→사회 경제적인 변화'를 불러온다는 역관계가 결과적으로 새로운 가족 유형을 촉발할 수 있다.

복잡하고 다난한 사회 경제적 변화의 추세가 심화되면 가족 모델도 세분화될 수밖에 없다. 저성장(경제구조)·성평등(사회인식) 등 한국 사회의 변화를 나타내는 유력한 키워드는 테트리스 가족의 정합성을 강화한다. 요컨대 기존 가족 시스템이 붕괴되고 새로운 대안 가족의 모색이 활발해지고 있는 현상은 현대 한국 사회를 더 잘 살아내려는 본능에 가깝다.

해외의 각자도생 공존법 확산되는 가족 개념

가족을 정의하기란 대단히 어렵다. 한마디로 사람마다 다르다. 그럼에도 공통 정의는 '결혼에 따른 혈연 중심'으로 설명된다. 가족 구성의 출발이 결혼이란 얘기다. 이게 현대사회와 왕왕 부딪힌다. 현대의 다양화된 가족 풍경과 일치되지 않는다. 그렇다면 '결혼→가족'은 과거의 정의로, 실제 1980년대까지만 유효했을 것으로 추정된다. 그때까지만 해도 결혼 관계는 경제적·심리적 결합과 함께 가족을 일컫는 대전제였다. 혈연적 생활 공동체인 셈이다. 이후엔 살짝 바뀌어서 가족의 정의는 복수 멤버의 생활 동거로 변한다. 즉 한 집에 사는 2명 이상의 집단을 말한다. 그렇다면 결혼에 따른 혈연관계만으로는 왜 가족을 정의할 수 없을까? 1990년대부터 다양한 조합의 가족 구성이 늘어났기 때문이다. 인구주택총조사의 조사 단위가 가구(1인 또는 1인 이상이 모여 취사·취침·생계를 같이하는 단위)인 것과 일치한다. 즉 혈연(결혼)이 아닌 생계(주거)가 가족 정의의 핵심으로 변화했다. 결혼 등 혼인 유무와 관계없는 동거 집단도 가족으로 포함되기 시작한 것이다. 개념은 또 확대된다. 2000년대부터 가족은 생계를 넘어 개별 욕구를 충족시켜주는 상호작용의 생활 공동체적 집단으로 포섭 범위가 커진다. 요컨대 결혼·혈연에서 상호작용·생활 공유로 변화했다.[***]

*** 한국가족상담교육연구소 엮음(2010), 《변화하는 사회의 가족학》, 교문사, pp.35-37.

정상 가족의 해체,
파탄일까 진화일까?

"# 풍경 1 = 둘은 직장 동료다. 또 동거 커플이다. 이젠 이상하지 않은 연상
연하 조합이다. 회사에선 비밀이다. 출퇴근은 따로다. 매일 같이 사는 것도
아니다. 각자 집이 있다. 일주일에 절반가량만 둘 중 한 집에서 산다. 약속
은 아닌데 자연스레 정해졌다. 상대의 프라이버시는 완벽 보장이다. 함께
쓰는 건 1/2씩 부담하는 것이 원칙이다. 케바케(case by case)지만, 절반
부담이 대전제다. 양가에선 모른다. 정해둔 귀책사유로 상대가 원하면 이
유 불문 헤어진다고 약속했다. 관계를 아는 지인들은 부부와 애인의 중간
정도로 본다. 그래도 둘은 서로를 부부라 여긴다. 결혼은 하지 않는다. 아
이도 원치 않는다."

"# 풍경 2 = 결혼한 지 3년째다. 큰 다툼 없이 그럭저럭 정답게 살아가는
부부다. 맞벌이라 함께 할 짬은 적지만, 최대한 함께 지내려 배려한다. 덕

분에 퇴근 후, 그리고 주말엔 웬만하면 붙어다닌다. 가사는 양분 원칙이다. 월급은 비공개로 각자 관리한다. 명절 등 집안 행사는 원할 때만 함께 다닌다. 자기 가족은 자기가 챙기기로 합의했다. 각자 본가로 가거나 혹은 함께 해외여행으로 퉁칠 때도 있다. 자녀 계획은 없다. 사랑해서 결혼했지만, 어떤 견적으로도 자녀의 효용성을 설명해내지 못했다. 간편한 삶을 지향한다. 집은 살 생각이 없다. 물려줄 애도 없어 쓸 만큼만 벌고 자유롭게 살 작정이다."

안타깝고 불편한가? 생경하고 괴상한가? 그렇다면 변화를 거부하거나 혹은 편견을 고집하는 유형임을 자백하는 것과 같다. 십분 양보해도 낯설지만, 흔해진 현상인 건 사실이다. 달라진 새로운 현대 가족의 작동 방식 중 일부다. 젊은이들 사이에선 강력한 트렌드로 확산되는 추세다. 부모 세대와의 불필요하고 무의미한 갈등을 피하고자 공개하지 않을 뿐이다. 물밑에선 전통적 가족 공동체를 대체할 그들만의 다양한 실험이 일상적으로 이루어지고 있다. 가족인 듯 타인처럼, 부부인 듯 친구처럼 '개인 vs 가족'이라는 고질적 긴장 관계를 해소하려는 차원이다. 방향은 가족성은 낮추고 개인성은 높이는 것이다. 가족이라는 짐을 내려놓고 개인의 가치를 높이려는 시도다.

개인이냐 가족이냐,
힘 받는 정상 가족 해체론

기성세대라고 모두 결혼을 상식으로 여기진 않지만, 여전히 한국 사회에선 결혼은 필수라는 인식이 보편적이다. 결혼과 출산으로 이루어진 가족만이 정상 가족이라는 시선이 압도적이다. 결혼은 해도 후회, 안 해도 후회라면 해보고 후회하는 게 낫다는 쪽이다. 결혼해서 잃는 것보단 그래도 얻는 게 더 많다는 논리다. 아이러니인 건 이들조차 다음 생에도 지금 배우자와 결혼하겠냐는 질문에는 선뜻 "Yes"라고 대답하지 못한다는 점이다. 인생을 반추해보건대 쉽지 않아서다. Yes라고 답한 이들은 현재 배우자가 자신의 행복을 실현시켜주고 있는 확실한 상대일 때로 한정된다. 그렇다면 결혼 권유는 후속 세대에 불필요하다. 청춘 남녀가 결혼을 포기하는 데는 그 상대를 찾기 힘든 이유가 대부분인 까닭이다.

물론 결혼은 여러모로 좋다. 안정적인 삶의 토대다. 가족 구성도 그렇다. 가족 공간은 귀소본능처럼 되돌아갈 안식처이자 원동력이며, 지속 가능한 사회 구조의 근본이 된다. 그래서 사회는 결혼과 출산을 통한 가족 구성을 정상이자 상식으로 교육해왔다. 혜택도 빠지지 않는다. 가족 구성의 경제합리성을 실현하기 위한 제도가 많다. 사적인 사랑 본능과 공적인 금전 수혜를 결부시켜 결혼과 출산을 필수로 여기게끔 차별화한 것이다. 예를 들면 인적공제를 통한 조세혜택이 있다. 휴가나 각종 수당처럼 가족법에 근거한 복리후생도 제공된다. 재산 대물림을 위한 상속세, 증여세의 혜택도 있다(일각에선 역차별로 봄). 또 가족 소유물의 권리이전도 허가된다. 위급할 땐 대리로 의사결정을 함으로써 위기 관리력을 높여준다. 가족 중 범죄자가 있을 경우 그를 위해 증거를 인멸해도 처벌받지 않는다. 이밖에도 법적 제도로서의 결혼은 여러 생활 기반에 있어 혜택을 제공한다.

그럼에도 비교우위였던 정상 가족은 해체의 길을 걷고 있다. 많은 수혜가 있음에도 '요즘 애들'은 좀체 결혼과 출산을 결심하지 않는다. 이유가 뭘까? 단군 이래 가장 고학력인 2040 세대의 가족 포기에는 확실한 근거가 있다. 정상 가족의 설명력이 훼손되었기 때문이다. 가족 구성을 위한 비용과 수고 대비, 이후에 주어질 효용이 낮다는 판단이다. 이제 기존의 가족 구성은 합리적인 인간이면 취하기 어려운 선택지로 전락했다. '고위험·저수익'은 버리는 게 낫다. 그렇다고 외로운 세포 생활도 계속하기는 어려우니 타협안이 모색된다. 가족 구성의 달콤한 열매보다 각자도생의 확실한 수혜를 찾아나선 셈이다.

중심은 '본인다움'에 있다

각자도생은 가족이라는 굴레 대신 나 자신의 행복을 우선시한 나름의 생존 전략이다. 정상 가족에 내재된 각종 위험보다 개인의 행복이 절대 가치로 부각된다. 때문에 가족을 꾸려도 중심축은 늘 '본인다움'의 실현에 맞춰진다. 간단·재미·정직이라는 속성을 가진 90년대생처럼 불확실한 미래와 불안전한 가족에 현재를 저당잡힐 후속 세대는 없다. 낯설고 힘들어도 내 인생과 행복을 찾아나서려는 사람들이 늘고 있다. 유물 신세로 평가절하된 가족경제학을 제아무리 강조한들 노예의 길보단 주인의 길이 먼저인 이들이다.

정상 가족은 이제 다양한 대안 모델로 재구성된다. 따라서 해체라기보다 변화라는 말이 적당하다. 또 퇴화보다는 진화가 어울린다. 요컨대 각자도생의 여정엔 새로운 가족 구성이 동반된다. 정상 가족이 회피되지 가족 자체는 수용된다. 가족처럼 존재하되 그 역할만 다하면 누구든 가족이 된다는 포괄적이고 광의적인 가족관이 반영되고 있다. 그래서 혈연 가족은 줄어도 타인 가족처럼 확장된 공동체는 늘어난다. 가족 기능을 대신해줄 대안인 셈이다. 외롭기도, 그렇다고 귀찮기도 싫은 사람들이 고민한 결과다.

정상 가족 안에서도 각자도생적 역할이 수용되고 있다. 양육·봉양의 무한 책임이 가족 분화를 막고 갈등을 초래한다면 그 범위를 제한하는 식이다. 자녀는 독립해 본인 삶에 집중하고, 부모는 알아서 노년을 챙김으로써 상호 속박의 굴레를 없애려는 움직임이다. 이들은 자녀 교육에 올인했으니 부모 노후를 책임지라는 식의 불행 씨앗을 거부한다.

아쉽게도 가족은 변하는데 제도는 그대로다. 70년대 산업화와 80년대 민주화는 이제 후속 세대의 다양화로 옮겨졌고, 다양한 삶을 인정하는 것은 한국 사회의 유력한 어젠다로 부각됐다. 다양함이 넉넉함을 만든다는 선행경로는 한국보다 빨리 변화를 맞았던 주요 선진국에서도 공통된 교훈이다. 그런데도 가족이라는 제도가 아직도 개인을 괴롭히고 억압한다면 곤란하다. 제도가 수정되고 재편될 때 개인과 사회의 전체 풍요는 커진다.

기존 제도는 청춘 남녀가 최소한 1인분의 인생살이를 실현할 수 있도록 변용될 필요가 있다. 일례로 '건강가정기본법'이란 법안을 보자. 특정의 정상 가족에서 벗어난 유형은 불완전한 것으로 암시한다. 모두가 결혼·출산의 중요성을 알자(제8조 제1항)는 것도 모자라 가족 구성원은 가족 해체를 예방하고자 노력하라(제9조 제1항)는 항목까지 존재한다.* 한국 사회가 얼마나 경직적이고 폭력적인지를 보여주는 단적인 사례다. 가족 해체는 생존 본능이자 대세다. 막는다고 막아지는 그저 그런 정책 대상에서 벗어났다.

---

* 　　노컷뉴스, '우리사회 정상 가족 이데올로기 이대로 괜찮을까' (2020.02.07)

가족에는 정상도, 비정상도 없다!

상식은 변하고 가족도 변한다. 윗세대만 해도 익숙한 일부다처(축첩)는 없어졌고, 조혼 풍속도 사라졌다. 횡행했던 사실혼은 여권이 신장되고 제도가 도입됨으로써 법률혼으로 대체됐다. 1960년대는 아예 가족법제화마저 완성됐다. 가족을 법률로 규정한 시기다. 이후 결혼을 전제로 한 집안 맞선은 점차 연애를 동반한 자유 결혼으로 전환됐고 지금은 연애 결혼이 절대다수로 안착됐다. 성별 분업도 가사 분담으로 대체됐다. 재산 분할이나 상속비율에 있어서도 남녀 격차는 없다. 간통 처벌은 없어졌고, 자유 이혼도 흔해졌다. 그만큼 순혈적 가족 구성은 도전에 직면했다. 이젠 정형화된 혈연 가족에서 벗어난 다양한 변용 실험이 상식으로 받아들여진다. 하물며 각자도생의 재구성된 새로운 가족이 계속해서 배제될 근거는 없다. 제도 변화는 시간문제다.

각자도생발 신(新)가족의 출현은 지속적으로 확대될 전망이다. 정상 가족으로 불리던 혈연 중심의 동거 유형을 토대로 그 주변부 변형 가족은 모두가 신가족에 가깝다. 피붙이가 아닐뿐 가족 기능을 일정 부분 수행하는 걸 전제로 한다면 사실상의 가족과 다를 게 없다. 법률적·제도적으로 인정받는가의 여부와는 무관하다. 물론 사실혼으로 이루어진 동거 가족이면 몰라도 '헤쳐 모여'의 타인 가족은 동맹성이 약화되면 결성취지가 사라져 언제든 깨질 수 있다.

때문에 제도 변화보다 현실적으로 더 중요한 건 새로운 가족을 인정하는 사회 전체의 인식 변화다. 행복하려고 결성된 가족이 정상 가족의 범주를 벗어난다고 해서 비정상이라는 주홍글씨를 찍을 이유는 없다.

해외의 각자도생 공존법 가족 위기, '해체론 vs 재구조화론'

가족 위기론은 학계에선 일찌감치 제기된 뜨거운 감자다. 저출산·고령화로 시작된 전통 가족상의 급변세가 선진국과 달리 한국에서 유독 단기간에 집중해 펼쳐진 결과다. 특히 가족 변화 중 가족 규모·가구 구조의 변동은 상당히 짧은 기간에 압축적으로 일어났다는 게 한국적 특성으로 분석된다. 가령 외환 위기 이후 신자유주의적인 사고 체계가 본격적으로 도입된 2000년대부터 다양한 가족 형태의 시대가 펼쳐졌다는 게 중론이다. 0점대의 파괴적인 출산 감소를 비롯, 비혼·이혼·동거·혼외출산 등 혼인 상태의 변동도 급격했다.[**] 이처럼 반(反)전통·탈(脫)현대적 징후가 충돌하며 가족 구성의 갈등도 심화됐다. 정리하면 '해체론 vs 재구조화론'으로 나뉜다.[***] 복잡한 분석은 차치하고, 그럼에도 양측 논쟁은 현상을 둘러싼 해석의 차이에 불과할 뿐 전제나 출발은 같은 듯하다. '전통 가족≠정상 가족'에의 동의다.

[**]   김승권 외(2013), '가족변화 대응 국가·사회 발전 기본전략', 경제·인문사회연구회 기획 협동연구 총서(12-03-08), 한국보건사회연구원, p.45 및 p.51

[***] 한국가족문화원 편(2009), 《새로 본 가족과 한국 사회》, 경문사, pp.72-76.

'일하는 엄마 vs 밥하는 아빠'의 메시지

"우리 사회는 여전히 전형적인 가족을 정상 가족으로 생각하는 경향이 짙어서 다양한 가족의 삶을 사는 사람들에게 많은 어려움을 안겨주고 있다. … 그러나 정상 가족이 반드시 행복한 것만은 아니다. 건강한 가족 여부는 외적인 모양이 아니라 가족 성원의 친밀감과 응집성에 있으며, 위기관리 능력을 두루 갖추고 있다면 한부모가족이나 동성애가족도 모두 건강한 가족일 수 있다. … 개개인이 어떤 유형의 가족이든 그 가족 안에서 자유와 행복, 평등을 누릴 수 있다면 건강한 가족으로 수용해야 한다."*

정상 가족은 가공 모델로 전락했다. 아빠, 엄마, 형제자매의 2세대 동거형 가족 유형은 설 땅을 잃는 추세다. 통계를

---

*　　한국가족상담교육연구소 엮음(2010),《변화하는 사회의 가족학》, 교문사, p.187.

봐도 현실을 봐도 갈수록 줄어든다. 30%를 웃도는 1인 가구 증가세와 맞물려 '부부·미혼 자녀'로 구성된 가족은 1순위를 내놨다. 정상 가족의 원형이던 4인 가구는 10%대 중반까지 쪼그라들었다. 이젠 표준일 수 없다는 얘기다. 정부도 가족 변화에 주목, 정상 가족 위주에서 싱글 가구를 적극 반영하는 방향으로 정책 수정에 들어갔다.** 정책의 중심이 4인 가족에서 벗어나려는 움직임은 유의미하다. 각자도생의 달라진 가족 구성이 수용을 넘어 존중받을 날도 머잖았다는 신호다.

그렇다면 각자도생을 전제로 한 새로운 가족 구성은 어떻게 실험되고 있을까? 바로 개인의 행복을 토대로, 구성원 간 가족 역할을 재설정하는 것이다. 물론 가족 기능을 배제한 채 평생 비혼을 지향하는 사람도 있겠지만, 대부분은 혼자 살든 함께 살든 가족 기능을 대체해줄 관계를 필요로 한다. 따라서 1인 가구는 새로운 가족 구성으로, 기혼 가족은 가족 내에서의 새로운 역할 부여로, 가족 기능을 다시금 설정할 수 있다. '일하는 아빠와 전업주부 엄마' 모델은 더 이상 표준 가족의 기준이 아니다.

**　　경향신문, '4인 가구 중심 정부정책 재점검, 1인 가구 대책 5월 중 마련' (2020.01.17.)

혈연 가족,
그들도 달라지고 있다

1인 가구가 폭증한다지만, 아직은 30%대다. 1인 가구의 비중은 한 세대(±30년)가 흘러야 절반 수준에 달할 것이라고 추정된다. 그렇다면 70%는 여전히 혈연을 기반으로 한 기존 가족의 이미지를 갖는다. 이미 많이 다양화되었지만, 대개는 '함께 사는 피붙이'가 가족 단위의 기본 체계란 의미다. 그런데 이들도 변화의 한가운데에서 있다. 거주 공간을 달리하는 식으로 가족 단위 자체의 변화도 있겠으나, 대부분은 결성된 기존 가족 내부의 역할 수정과 가치 변화에 집중한다. 정상 가족이 지녔던 공고했던 전통적 역할에서 벗어나 시대 변화에 최적화되는 것을 목표로 한다. 대전제는 '각자도생은 전체의 행복'이라는 데 동의하는 것이다. 가족 멤버 각자가 1인 분의 삶을 잘 완수하면 궁극적으로 가족 전체의 행복도 극대화된다는 논리다. 화목한 가족이 되기 위한 달라진 운영 방식이다. 이들은 가족 역할을 재검토하며 새로운 가치 변화를 꾀한다.

원래 가족에는 각자에게 요구되는 역할이 있었다. 'ㅇㅇ다움'은 이렇게 만들어졌다. 아빠는 아빠답게, 엄마는 엄마답게, 또 자녀는 자녀답게 역할하면 저절로 행복해질 것이라 여겼다. 남성은 일하며 가정 경제를 책임지고 여성은 가사를 도맡았던 표준 가족의 출현배경이다. 남녀의 고정적인 성 역할은 이때부터 본격화됐다. 예전엔 맞았다. 넓은 정합성을 자랑하며 이 같은 가족 시스템은 무패 행진을 이어나갔다. 표준 경로에서 벗어난 변칙 사례는 비정상적이고 열등적인, 패배한 인생으로 여겨지기도 했다. 실제 정상 가족과 오버랩되는 가족 내부의 전통적 역할은 상당한 기능을 발휘해왔다. 복지 수요를 가족 내부에서 맡는 공동체 주의의 원류 공간답게 1차 가족은 남편의 외벌이만으로 가족의 소비를 감당했다. 풍족하진 않아도 자녀 양육에 본인 노후는 물론, 부모 봉양까지 가능한 시스템이었다.

○○다움의 실종과
가족경제학의 몰락

바통을 이어받는 것처럼 가족 분화는 자연스러웠다. 2차 가족이 부모처럼 표준 모델로 진입하는 경로는 무난했다. 졸업 이후 취업·결혼·출산의 생애 흐름은 평범했다. 비록 가족 구성이란 게 미래 소득을 앞당겨 소비하는 위험한 카드였으나, 평균적으론 인생 전체의 흑자 장사에 기여했다. 부모 권유에 맞춰 공부하고 취업하면 1인분의 자립 인생은 물론 가족을 구성하는 일도 당연시됐다. 좋은 대학에 들어가고 탄탄한 회사에 취직하는 것은 표준 가족을 뒷받침하는 보증수표와 같았다. 사회도 안정됐다. 정상 가족 이데올로기의 안정성은 가족 복지 등의 사회 제도로 연결됐다.

4인형 가족 모델은 '정상 가족 이데올로기'로 강조되고 확대됐다. 아빠는 회사에 가고 엄마는 살림하며 자녀 둘을 둔 전형적인 핵가족을 정상이라 본 것이다. 그러나 저성장의 먹구름이 넘어오면서 상황은 반전됐다. 표준 가족의 외벌이로는 생존조차 담보하기 어려워졌다. 전업주부는 설 땅을 잃었다. 엄마, 주부로서의 명예와 가치는 무시되는 '무임금 가사노동'의 현실처럼 땅에 떨어졌다. 일하는 엄마가 등장하게 된 배경이다. 반면 저성장은 아빠의 출근길에도 제동을 걸었다. 상시적인 구조조정이 중장년의 일자리를 주변부의 비정규직화로 내몬다. 명예퇴직의 압박은 거세지고, 대부분은 언제까지 살아남을지 알 수 없는 불확실성에 시달린다.

정상 가족은 이제 흔들리기 시작했다. 전통의 가족 역할은 폐기 대상에 올랐다. '아빠다움'으로 실현해낸 가족경제학의 시한이 종료되며 정상 가족의 폐기를 가속화했다. 남성의 외벌이만으로는 먹고살기 힘들어진 것이다. 금리만큼 월급·이자가 늘던 고성장 시대의 종언과도 맞물린다. 미래는커녕 눈앞의 현실조차 불확실성이 지배하게 됐다. 살림하던 엄마조차 노동현장에 소환되는 시대가 펼쳐졌다. 이제 맞벌이가 아니면 가계 유지는 불가능하다. 아빠는 위축되고 엄마는 바빠진다. 자녀는 부모와 충분한 시간을 보내기가 어려워진다. 가족 전체가 최선을 다해도 피곤하고 아련하다. 서로가 서로를 무너뜨리는 도미노 가족의 시작이다.

이대로는 곤란하다. '가족이라는 병'을 방치할 수는 없다. 도미노식 가족 붕괴에 본인 가족을 밀어넣을 수는 없다. 기능부전에 빠진 가족의 회복이 시급해진다. 가족 내 역할과 가치의 수정만이 살길임을 눈치 빠른 이들은 알아챈다. 성 역할부터 재검토된다.

극단적인 사례지만, '일하는 엄마 vs 밥하는 아빠'는 이제 갈등 구조가 될 수 없다. 남아선호·남존여비는 이제 개념조차 희박하다. 자녀에게 올인하는 희생적인 부모상도 변화하고 있다. 가뜩이나 줄어든 유한 자원을 확실하지도 않은 쌀독에 무한정 쏟아부을 수는 없다. 즉 자녀 교육비와 노후 생활비 중 어느 곳에 더 큰 비중을 할애할 것인지의 포트폴리오 조정이 먼저다.

자녀 양육과 부모 봉양의 맞교환도 거부된다. 스스로 살길을 찾는 각자도생이 서로의 행복을 지키는 괜찮은 선택지로 인식된다. 하물며 2차 가족으로 분화한 이후 1차 가족과의 굴레를 그대로 이고 가는 일은 멤버 전체가 거부한다. 피붙이라도 타인일 수밖에 없다. 가족과 나를 동일시하며 대리만족하는 것도 과거의 정상 가족에 한정될 따름이다. 이제 새로운 경기 규칙에 따라 선수 구성을 달리하고 경기장에 나설 때다.

'자녀 교육비 vs 노후 생활비'의 재조정

제도는 제도요, 현실은 현실이다. 고정관념이 가족의 행복을 저해하면 바꾸고 또 변할 수밖에 없다. 현실을 먹여 살리지 못하는 제도는 버리는 게 상책이다. 바꾸고 변해야 피로사회의 불치병인 가족 불행을 넘어설 수 있다. 황혼 부모가 스스로의 삶을 도모하고자 택한 통크Two only no kids 카드도 이기성의 발로가 아닌 이타적 행위일 따름이다. 질서보다 중요한 건 생존이다. 생존 다음이 행복이다. 과거의 가족 제도에 함몰돼 획일적인 역할을 고집할 이유는 없다. 필요한 건 유기적으로 기능하는 가족 구조다. 마치 테트리스처럼 최적의 조합이 가능한 가족이 그렇다.

가족 형태의 다양화는 대세다. 과거 전통 가족에서 핵가족으로 가족의 숫자와 기능에 분화가 발생했고 이를 당연시했듯, 지금의 가족 변화도 결국엔 받아들여질 수밖에 없다. 가족 변화는 사회 적응의 결과로, 적응하려고 변하는 건 인류 진화의 반복된 역사다. 아빠도 엄마도 자녀도 고정된 역할은 없다. 서로가 행복해지는 기능 변화는 낯설되 맞서기 힘든 시대 변화다.

현대 가족은 규정될 수도, 통제될 수도 없다. 만들어진 형식적 가족 제도는 역사도 짧다. 즉 진리가 아닌 셈이다. 이제 필요로 하는 기능과 제공 여력에 맞춰 가족의 역할은 재구성에 돌입했다. 진화와 퇴화는 무의미하다. 정상 가족은 감소세고, 반대로 비정상 혐의를 뒤집어쓴 동거 가족·부부 가족·입양 가족·조손 가족 등의 가족 모델은 증가세다. 기러기·주말 가족은 물론 동성 커플마저 생겨나는 추세다. 이쯤에서 가족 변화를 오랫동안 연구해온 전문가(엘리자베스 벡 게른스하임)의 의견으로 마무리한다. 가족의 의미란 무엇이며, 어떻게 변하고 있으며, 그 지향점이 어디인지 기능 분화와 역할 변화에 맞춰 설명한다.

"가족은 서로의 인생을 지지해주는 공동체다. 과거를 공유했어도 그 과거가 불행했다면 새로운 관계를 만들 수 있다. 학교친구나 오랫동안 함께한 직장 동료도, 그밖에 다양하게 맺어지는 인간관계도 넓은 의미의 가족이라고 할 수 있다. 엘리자베스 벡 게른스하임은 가족 이후에 무엇이 오는가라고 묻고, 가족 이후에 '다양한 가족'이 온다고 했다. 그때의 가족은 역할에만 충실하면서 서로 의존하고 상처를 주고받는 가족이 아니라, 서로의 차이를 인정하고 개체성을 인정하며 존중하고 협력하는 새로운 가족이다." ***

*** 엘리자베스 벡 게른스하임의 책 《가족 이후에 무엇이 오는가》를 토대로 마더쇼크·파더쇼크·가족쇼크 등 일련의 가족 변화를 다룬 EBS 다큐멘터리 취재진의 증언이다.
김수동(2017), 《쯤 앞서가는 가족》, 궁리, p.72. 책을 참고했다.

해외의 각자도생 공존법 가족 변화의 흐름과 평가

　　과연 미래에도 가족과 가족 제도는 존재할까? 이 물음은 1970~80년
대 본격화됐다. 근대화가 핵가족화를 통해 가족의 분화 규모와 속도를 가속
화시킨다는 점에 주목했기 때문이다. 따라서 가족 분화가 지속될지, 지속된
다면 어느 수준까지 분화될지가 당시의 관심사였다. 이후 1990년대 연구에
서는 성 역할과 관련돼 가부장·남성 중심적 가치관이 평등하고 개인 주의
적인 가치관으로 전환한다는 데 무게중심이 실렸다. 단지 가족의 기능·역
할적 변화가 아니라 더 심층적인 차원, 일례로 가치관의 인식 변화를 심화
시킨다는 게 가족 연구의 공통분모였다. 2000년대 이후는 그 논쟁의 결과
물로 '가족형태의 다양화'가 등장한다. 다양화가 긍정적인지 부정적인지 가
치 판단이 본격화된 셈이다.

　　의견은 갈린다. 가족 변화를 사회 적응론으로 보는 쪽이 있는 반면 해
체·붕괴란 점에서 가족 위기론으로 평하는 쪽도 많다. 더 보태면 이 논쟁의
대체적인 공감대는 '위기론→적응론'으로 이동한다. 사회가 변하면 가족도
변한다고 봐서다. 따라서 변화는 사회에 적응하려는 가족 구조를 추동할 수
밖에 없다. 가족 폐단이 많지만, 그럼에도 가족 구성이 훨씬 많다는 점은 주
목받지 못한다. 골치 아파도 가족을 꾸리는 유인이 잘 설명되지 않는 셈이
다. 이를 학계에선 친밀감의 욕구를 가족에서 찾으려는 것으로 대응한다.
한편 위기론의 대안이 가족 회복이란 쪽의 설명도 불충분하긴 마찬가지다.[****]

▪▪▪▪▪▪▪▪▪

**** 　　서선희(2017), '적응인가 위기인가?: 현재 한국 가족의 변화를 어떻게 해석할 것인가?', 한국가족자
　　원경영학회지 제21권 4호, pp.19-20.

'외로운 혼자 vs 귀찮은 가족'의 한 판 대결

"결혼은 시대착오적인 통제 기제다. 사실상 공식적인 결혼허가제로 이는 현실과 부합하지 않는다. 성적 행위·자녀 양육을 허가하는 정부 수단인 결혼 제도는 극심한 불평등을 낳는다. 결혼이 아니면 범죄란 얘기인데, 그렇다면 현대인은 모두 범죄자란 의미다. 운전하려면 운전면허증을 따듯 결혼도 제도를 통과하라 강제한다. 결혼은 종교처럼 자유 결정이 맞다. 커플 결합을 동거 협약으로 낮춰 민간단체에 넘기는 민영화가 필요하다. 그래도 결혼 기능은 얼마든 유지되고 되레 장점이 커진다. 사적 문제로 가해졌던 제재를 완화하면 고비용·저혜택의 결혼 관련 대차대조표도 교정된다. 결혼은 이혼의 역차별을 위해 고안된 시대착오적인 발상일 뿐이다. 결혼 제도화로 그토록 막으려던 이혼마저 흔해지며 가족은 해체되고 있다."*

---

*   리차드 탈러 외 저, 안진환 역,《넛지》, 리더스북, pp.311-329. 내용을 참고하여 요약함.

도전적인 결혼관이다. 결혼 제도는 커플 생활의 탈퇴를 단속하고자 만들어졌다. 즉 이혼 방지용이다. 공식적 결혼 제도로 관계의 안정성을 증진시키는 차원이다. 이혼이 힘들어 결혼이 안정화되면 가정도 사회도 안정된다. 그러나 더는 아니다. 탈퇴 단속은 느슨해졌고 이혼은 흔해졌다. 제도로 결혼을 통제할 상황은 지났다. 그러니 종교의 자유처럼 민영화하자는 주장이다. 민간에 넘겨 사적 영역으로 다뤄질 때 시대 변화에 맞는 결혼의 의미가 확보되기 때문이다. 도발적이되 설득력은 적지 않다. 법률로써 제도화한 결혼은 불평등의 허들로 작용한다. 그 때문에 미혼 남녀의 똑똑한 선택이 결혼에서도 발휘되도록 비용을 낮추고 효용을 높이는 제도 변화가 요구된다. 《넛지》란 책에 소개된 '결혼의 민영화'와 관련된 내용이다. 넛지란 강압적인 제도 개입 대신 부드러운 방식이 현명한 선택을 유도한다는 개념이다. 이때 부드러운 방식의 지점을 넛지라 부른다. 결혼에선 그 넛지가 바로 민영화다.

결혼의 민영화로 제도의 허들을 낮추자?

결혼의 재검토는 현실 화두다. 결혼을 초미의 관심사로 떠올려야 할 미혼 청춘 상당수가 인식 변화의 선두에 섰다. 일부지만 부모 세대 중에서도 갈수록 자녀의 결혼을 필수로 여기지 않는 분위기가 짙어진다. 결혼을 둘러싼 현실론과 당위론의 거센 대결 구도 속에 적어도 나이를 이유로 어쩔 수 없이 등떠밀려 하던 결혼은 꽤 줄었다. 결혼 적령기란 말은 고어(古語)가 되어가고, 혼인 연령도 높아지는 추세다. 전통 개념에서 보면 결혼은 붕괴 직전이다. 가치관의 변화로 결혼은 이제 해도 그만 안 해도 그만이라는 인식이 많아졌다. 필수가 아닌 인생의 수많은 선택지 중 하나로 떨어진 것이다. 해외에선 더 그렇다. 배우자란 말보다 파트너란 개념이 힘을 얻는다. 법적인 결혼 여부는 중요하지 않다는 의미다. 결혼을 위한 넛지 자체를 두고도 불필요하단 의견도 있다. 왜 결혼하도록 부드럽게 유도하는 방식까지 필요한지 동의하지 못한다. 국영화든 민영화든 결혼 자체를 의심하는 투다.

그럼에도 현실은 현실이다. 여전히 상당수는 기존 제도에 맞춰 결혼한다. 1차 가족에서 2차 가족으로의 분화는 여전히 대세인 흐름이다. '외로운 혼자 vs 귀찮은 가족'의 한 판 대결에서 많은 이들은 가족 구성을 선택한다. 가구 구성의 70%는 아직도 혈연 가족을 토대로 구성된다. 요컨대 홀로가 아닌 여러 명이 동거하는 형태의 경우, 절대다수는 혈연 가족으로 수렴된다. 이때문에 결혼은 청춘 남녀의 현실 이슈일 수밖에 없다. 낯선 트렌드를 주도해 관심을 끄는 청춘도 있지만, 상당수는 여전히 결혼이라는 현실에 얽매인다. 결혼을 희망하는 사람도 아직은 많다. 그럼에도 결혼 선택은 쉽지 않다.

결혼의 민영화는 '외로운 혼자'가 그래도 '귀찮은 가족'을 택하도록 거들어주는 아이디어로 보인다. 부담스러운 결혼 비용이 요구되는 한국의 상황에선 특히 그렇다. 누구나 쉽게 결혼을 선택할 수 있도록 결혼의 개념을 바꾸면 적어도 결혼과 관련된 경제적 격차·불평등은 해소할 수 있어서다. 동거 커플 등 이미 결혼 제도에 맞선 새로운 실험이 증가한다는 점에서 결혼의 민영화는 고민해봄직한 제안이다.

　　하지만 그럼에도 결혼이 늘 것 같지는 않다. 미혼 청춘의 인식 변화가 제도의 수정보다 급속하고 광범위해서다. 가족의 불용성을 직간접적으로 경험한 청춘이 늘면서 자발적으로 평생 비혼을 선택하는 이들이 많아졌다. 결혼 특유의 극단적인 낙관주의를 의심하기 시작한 것도 비혼 결심에 영향을 미쳤다. 가령 타인의 이혼 확률은 50%다. 본인도 마찬가지인데, 우리는 보통 본인이 이혼할 확률은 사실상 0%로 본다. 이혼하지 않을 것이란 판단이 100%란 얘기다. 이처럼 놀랄 만큼 불확실성에 자신과 결혼을 내맡기는 현상이 결혼 결정에선 흔했다. 그런데 이 허점과 틈새를 청춘 남녀는 제대로 보기 시작했다. 결혼은 가뜩이나 위험을 내포한 고비용의 결정인데 이혼하지 않고 잘 살 확률이 절반밖에 안 되는 상황이라면 신중해지지 않을 수 없다.

결혼·출산 포기는 문화 현상으로,
외로워도 속 편한 싱글

그럼에도 혼자 살며 외로울 것인지, 귀찮더라도 가족을 선택할
것인지의 갈등은 계속된다. 아직은 가족을 이루는 것이 싱글보다
보편적이나, 앞으로는 알 수 없다. 결혼 민영화란 넛지가 제공돼도
비혼 추세를 꺾기는 힘들다는 전망이다. 아직은 금전적인 한계가
결혼을 저지하는 주요 변수지만, 이게 해소돼도 청년들의 인식이
더 빨리 다양화되면 결혼과 출산의 저조한 선택률은 회복되기 어
렵다. 결혼·출산 포기를 통한 1인 가구 등 대안적인 가족 구성이 일
종의 문화적 현상으로 비화될 가능성이 있기 때문이다. 청춘 남녀
는 윗세대를 통해 결혼·출산의 가족 구성과 관련한 많은 정보를 축
적한 상태다. 면밀한 검토 결과 아쉽게도 불행의 전철을 밟지 않으
려고 할 수도 있다. 한편 가족 기능을 제공해줄 다양한 보완재·대
체재의 확대도 가족 포기를 거든다. 홀로 살아도 대안적인 가족 기
능을 누릴 수 있어서다. 또 결혼·출산으로 주어질 자녀 효용(노동·
보험·유희 기능)이 이제는 보장되지 않는다는 점도 미혼 남녀의 싱글
결정을 뒷받침한다. 부모 세대처럼 본인 효용이 가족 희생보다 후
순위로 밀리는 가족 구성은 이제 청년들의 고려 대상에서 멀어지고
있다.

불황이 가족을 변화시킨다. 고성장기 가족은 산업화에 최적화

되어 있었다. 가족의 안정적인 질서를 토대로 회사·국가의 안정적인 성과가 도모됐다. 그러나 지금 사회는 저성장 단계다. 게다가 충격적인 구조조정도 일상이 됐다. 그 충격이 가족 구성을 뒤흔든다. 새로운 가족을 구성하려는 실험도 일종의 구조조정에 가깝다. 살아내기 위한 몸부림이다. 정상 가족에서 그토록 강조하던 상하 질서 대신 평등 질서가 가족 시스템의 새로운 룰로 부각된다. 동시에 미혼 남녀에겐 외로워도 속 편한 싱글 카드가 불황을 넘어설 유력한 체제로 인식된다.

늘어나는 평생 비혼,
'가족인 듯 가족 아닌 가족 같은' 조합 선호

청춘 남녀의 가족 진화는 계속된다. 이들은 저비용·고효율의 작동 논리를 바탕으로 절대 고독을 해소해줄 다양한 탈출구를 모색한다. 혈연을 기반으로 한 가족은 아니나, 가족처럼 필요할 때 유대감을 쌓고 공유할 새로운 조합을 모색한다. 즉 쉽게 넘어지는 도미노 대신, 필요에 따라 그때 그때 맞춰갈 수 있는 테트리스형 유사 가족을 대안 모델로 채택한다. 혈연을 넘어 타자와 연대하는 동맹적 확장 가족도 얼마든지 가족 기능을 제공해주기 때문이다.

일찌감치 가족 해체를 경험한 청춘이 많다. 사회 문제로 부각된 별거·이혼·가출 등 가족 멤버의 상실에도 익숙하다. 동시에 결혼·출산의 생애 이슈를 처음부터 맺지 않으려는 만혼·비혼도 증가세다. 그만큼 새로운 가족 결성도 자연스럽다. 가족을 둘러싼 '해체→포기→재구성'에 자주 노출된 덕이다. 이들이 택한 '가족인 듯 가족 아닌 가족 같은' 새로운 가족 재구성은 그래서 자연스럽다.

강물은 지형을 바꾼다. 그 강물은 또 물길이 바꾸는 법이다. 물길은 작지만, 거대한 변화의 원점이다. 미혼 남녀의 싱글이라는 선택지는 한국 사회의 미래 풍경을 좌우할 전망이다. 이미 시작됐고, 막힘조차 없다. 혼자가 편한 사회, 혼자지만 함께인 가족은 거대한 물결로 다양한 사회 변화를 야기한다. 결혼에 얽매이지 않아도 가족은 얼마든 만들어질 수 있다고 믿는다. 혈연을 초월해 필요한 때 필요한 걸 나누자는 인식의 변화다. 값비싸고 위험해진 결혼 제도가 아니라도 다양한 조합으로 가족 기능을 누리면 나쁜 선택도 아니다. '새로운 사회의 새로운 생활 방식'[**]일 따름이다. 물론 새로운 생활 방식은 저절로 완성되지 않는다. 지속 가능성과 확장 여부도 따져 보아야 할 것이다. 대체 모델은 초기에는 기본적으로 불완전해서다.

[**]   新R25編集部, '血縁関係のない他人でも家族と思える。60人と暮らす石山アンジュに聞く拡張家族論' (2019.04.23.)

해외의 각자도생 공존법 타인과의 확장 가족을 위한 안착 조건

가족을 둘러싼 가치관 변화의 경험을 담담히 써내려간《Share Life》란 책의 부제는 '타인과의 확장 가족을 위한 안착 조건'이다. 이시야마 안주(石山アンジュ)란 독신 여성이 저자인데 큰 반향을 낳았다. 책에 따르면 확장적인 타인 가족은 저절로 만들어지지 않는다. 전제 조건이 있다. 일방적이고 희생적인 가족 역할은 고수되지 않는다는 점이다. 요리·청소 등 일상생활에서 필요한 노력에 있어서도 중립적이고 시장적인 교환 체계가 권유된다. 즉 아무것도 하지 않는다면 궁극적으로 얻는 게 없다. 커뮤니티에 잔존하기도 어렵다. 피붙이라 어쩔 수 없는 혈연 가족이 아니므로 곧 배척되고 제외된다.

반면 정밀한 교환 가치는 아니라도 공금에서 공동체를 위한 기여분만큼 사례도 준다. 그럼에도 기본적으로론 포용적이다. 가족이라 여기기에 기여를 바라기보단 그대로 받아들이려는 문화가 중요하다. 이것이 바로 일반적인 조직과 가장 크게 차별화되는 지점이다.

따라서 의도적이든 자연스럽든 '우리는 가족'이란 세뇌가 전제된다. 가족이라 말하고 받아들이는 순간 대가가 없어도 짜증이 나도 어쩔 수 없이 받아들인다. 가족이면 방법이 없기 때문이다. 불편한 것을 긍정적으로 보려는 경향도 생겨난다. 떠들어도 시끄럽다기보단 밝은 에너지로 치환시켜 흡수한다. 서로 간 간섭은 기본, 타인이면 방관할 일을 이곳에선 쉽게 넘기지 않는다. 자연스럽게 내 가족 일로 받아들여 개입한다. 요컨대 본인과 타인의 경계가 사라진다. 가족만이 공유하는 현상이다. 그래서 희생이나 기여, 충고와 인내도 자연스럽다.

만고불변의 시장 원리인 'Give & Take'는 확장 가족에선 통하지 않는다. 본인과 타인의 경계선이 사라진 덕분이다. 주고받는 정밀한 교환 가치가 없어지면 부가 가치는 더 커진다. 보통 'Give & Take'는 준 만큼 받는 게 전제된다. 필요한 만큼만 준다는 가치관 때문에 받을 범주를 넘어서면 행동은 멈춘다. 상대가 더 받고 싶어도 본인이 얻을 게 없다면 그걸로 끝, 반대로 줄 게 없다면 부탁하기 어렵다. 대등할지는 몰라도 교환 원리만큼만 움직인다. 반면 확장 가족에선 굳이 받지 않아도 되니 얼마든 퍼주고 또 요구할 수 있다.

현대사회에는 심리적 의존 장벽이 높다. 의존하려면 걸맞은 대가부터 떠올린다. 부탁하면 해결될 일이 많지만, 거래 자체가 이뤄지기 어렵다. 의존엔 값이 요구된다. 가령 맞벌이의 독박 육아를 보자. 손이 남는 아이의 조부모에게 부탁할 수 있지만, 그래도 쉽지 않다. 민폐라는 심리적 저항 앞에서 시장에 의탁하는 것을 택한다. 대가는 돈이다. 그 돈을 위해 부모는 또 야근을 하고 결국 스트레스로 육아 갈등에 함몰된다. 하지만 확장 가족은 다르다. 가족적 타인이라 신뢰 장벽이 꽤 낮다. 편한 마음으로 쉽게 부탁할 수 있다. 대신 본인들이 잘하는 영역·역할로 확장 가족의 다른 곤란에 기여하면 된다. 평소 신뢰를 쌓으면 피를 나누지 않은 가족이라도 얼마든 혈연 가족처럼 버팀목이 되기 때문이다.

×

세대 불문, 무거운 책임에서
벗어나고 싶은 개인

청년, 집을 살
능력도 의지도 없다!

"1인 가구 비중이 전체 가구 유형의 28%로 가장 많습니다. 그 중심에는 결혼 안 한 젊은이, 청년이 있습니다. … 선택의 문제일 수 있습니다. 비혼이라는 말도 생겨났죠. 그러나 하고 싶어도 하지 못하는 청년도 있습니다. 그 이유를 물었더니 68.5%가 주거 문제라고 답했습니다. … 집이 뭔데 결혼마저 주저하게 할까요? … 혼자라면 좁아도, 낡아도 버티겠는데 사랑하는 사람과의 새 출발을 생각하면 망설여집니다. 이것저것 따져봐도 별수 없습니다. 답답함과 불안감이 결혼을 주저하게 합니다." *

---

*   KBS 뉴스, '청년 68%, 집 때문에 결혼 못 합니다' (2019.06.25). 기자의 코멘트 중 일부를 발췌·재정리한 내용이다. 덧붙이면 2017년 기준 내 집 마련 평균 비용은 2억 원인데 대기업 대졸 신입 평균 연봉은 3,950만 원이다. 중소기업은 2,690만 원으로 10년을 안 쓰고 안 먹고 꼬박 모아야 겨우 마련할 수 있는 게 집이다.

위 보도처럼 한국 청년이 가족 만들기를 연기하거나 포기하게 된 최대 장벽은 바로 집이다. 갈수록 집을 둘러싼 청춘 남녀의 불만은 심화되고 있지만, 아쉽게도 현재의 정책을 전제로 한다면 한국의 전통 가족은 확실한 붕괴에 진입했다. '연애→결혼→출산→양육'의 기존의 경로가 완벽히 막혀버린 결과다. 한국 청년은 고민에 빠졌다. 엎드릴 것인가, 뒤집을 것인가 선택의 기로에 놓였다.

　　집은 한국 사회의 세태를 진단하는 상징적인 단어다. 남녀노소, 세대 불문 집만큼 뜨겁고 날카로운 단어가 없다. 사실상 모든 갈등이 생기는 바탕에는 집이 존재한다. 가진 게 상대적으로 빈약한 후손들인 청년에게 집은 특히 짜증스런 주제다. 기성세대와 비교했을 때 가진 게 없는 청년에게 집은 가지고 싶지만 가지기 힘든 신기루에 가깝다. 집값 대책을 둘러싼 실망감조차 기력 낭비일 뿐이다. 2019년 서울 아파트 중위값이 9억을 넘긴 판에, 청년은 민달팽이와 같은 신세가 됐다. 노력을 넘어 '노오력'해도 다다르기 힘든 인생 과제가 집이라는 데 이견은 없다.

집이 없어 불안한 현실,
청년의 가족 포기가 시작됐다

미혼 청년에게 집은 '넘사벽'에 가깝다. 근로 소득만으로는 일평생 모아도 집을 구매하는 건 사실상 불가능하다. 기본 자산조차 없어 기성세대와는 경쟁조차 불가능하다. 주식 투자 등의 레버리지를 끌어와도 힘들긴 매한가지다. 게다가 근로 소득도 여의치 않다. 정규직은 바늘구멍인데 그나마 있는 구멍의 크기도 계속해서 축소하고 있다. 제 한 몸 건사하기조차 힘들어지는 것이다. 혼자 벌어먹기도 힘든 판에 결혼과 출산은 결국 "안 하는 게 아닌 못 하는 것"이 된다. 최대한 나 홀로 가볍게 살아내는 게 현실적인 방책이다. 결혼이란 무리수는 집 앞에 선 한국 청년에게 행복 덧셈이 아닌 불행 곱셈에 가깝다.

집은 따뜻한 안식처이자 편안한 휴식처다. 인생에선 뺄 수도, 빠질 수도 없는 결정적인 거점이자 공간이다. 집이 없다면 행복은 커녕 안전조차 보장받기 어렵다. 집이 흔들리면 삶도 흔들릴 수밖에 없다. 이렇게 매우 중요한 기본재인 집이 한국 청년에겐 고가의 사치재로 변질됐다. 이 변질의 후폭풍은 거세다. 집 없는 삶은 익숙했던 윗세대의 생애 루트로부터 멀어지거나 이탈을 야기한다. 당연한 게 이상한 일로, 평범한 게 특별한 일로 넘어간다. 불안한 일자리와 불안한 거주 현실은 악순환처럼 확대되며 서로 연결된다. 이로써 집은 신분으로 격상된다. 집과의 거리만큼 청년의 신분은 확고해진다. 다수는 빈곤과 함께 주거 약자로 떨어진다. 결혼과 출산의 본능은 집이라는 거대한 장벽 앞에 속절없이 무너진다.

실제 주거 문제는 미혼 청년의 결혼 결심을 가로막는 심각한 걸림돌이다.** 어떤 조사 결과를 봐도 결혼을 연기하거나 포기하게 되는 결정적인 이유로 경제력을 꼽는다. 소득이 적거나, 결혼 비용이 들거나, 비정규직이거나 하는 요인들은 모두 미혼 청춘의 금전 능력과 결부된다. 그리고 그 지불 부담이 정점에 달하는 구매 항목이 바로 주택이다. 때문에 주택 가격이 하향 및 안정화되면 결혼할 확률은 상대적으로 높아질 것이란 게 대체적인 연구 결과다.

누가 봐도 확실한 빈곤에 놓인 청년은 그래도 사정이 좀 나은 편이다. 이들은 주거 정책 대상에 포함되기 때문이다. 임대주택은 물론 청약 우대와 대출의 확대 등 복지 수혜가 적어도 그나마 존재한다. 그러나 보통의 청년에겐 그림의 떡이다. 빈곤 마케팅조차 불가능해 제도에서 제외된다. 시작과 함께 족쇄가 되는, 빚더미 대출 정책이 전부다.

**   The First, '청년층 주거 부담 확 줄이는 스마트 경기행복주택' (2019.09.11.) 조사를 보면 미혼 청년 (19~34세) 중 48%는 현실적인 결혼 장벽으로 주택 문제를 꼽았다. 결혼 생각은 있는데 집 때문에 미뤘다는 응답도 45%에 달한다. 동시에 독거 청년의 주택 소유는 7%에 그쳤다.

'마이홈'의 재검토에 나선 미혼 청춘

경제학적으로 볼 때 결혼은 확실히 '미친 짓'이다. 여기엔 경제력의 척도인 내 집 마련이 똬리를 틀고 있다. 경제학에선 '결혼 시장 탐색 모형'이란 유명한 가설이 있다. 우선 남성이 결혼 시장에 나온 여성 중 맘에 드는 사람이 있으면 청혼한다. 여성은 남성의 소득 수준을 관찰한 후 유보 가치를 적용해 적정 여부를 계산한다. 허용할 수 있는 수준의 최저치인 유보 가치Reservation Value*** 보다 낮으면 거절하고 다음을 기다린다. 현대사회는 이 유보 가치를 웃도는 남성을 갈수록 쳐내며 하향 평준화를 심화시킨다. 그러니 매칭은 더욱 힘들어진다. 유보 가치를 넘는 남성의 절대숫자가 적어 프로포즈도 승낙도 어려워진다. 경제학적인 분석이라 무미건조하고 일방적인 아이디어처럼 보이지만, 일정 부분 설명력이 있다. 문제는 유보 가치의 절대 지분을 차지하는 게 경제력이란 점이다. 요컨대 근로 소득, 자산 소득이 확보 되어 있는가의 문제다. 그 대표적인 판단 근거는 안정적인 주거 공간을 제공할 수 있을지 없을지가 되고, 결국 내 집 마련의 가능성으로 수렴한다.

*** 이상호·이상헌(2010), '저출산, 인구고령화의 원인에 관한 연구: 결혼 결정의 경제적 요인을 중심으로', 금융경제연구 2010. 12, 한국은행 금융경제연구원, p.2-3. 유보 가치란 여성이 남성의 청혼을 승낙할 것인지 거절할 것인지 결정할 때 그 판단 기준으로 삼는 남성의 임금 수준을 의미한다.

같은 맥락에서 부모 그룹인 기성세대는 행운아로 여겨진다. 결혼과 출산의 본능을 발휘할 수 있는 우호적인 환경에서 사회에 진입했다. 이들에게 집은 지금보다 당연하고 손쉬웠다. 고성장 인플레에 힘입어 큰일이 없는 한 별 탈 없이 내 집을 확보했다. 모두가 그렇진 않았지만, 적어도 평균적인 경로는 그랬다.

가진 것 없이 사회에 진입한 것은 현대 청년이나 기성세대나 똑같아도 그 이후의 경로는 확연히 엇갈린다. 이 둘은 미래에 대한 비전과 그를 둘러싼 자신감에서 차이를 보인다. 윗세대는 오늘보다 나아질 내일을 의심하지 않았고, 그렇기 때문에 경제적으로 고위험 요소를 가진 가족의 구성도 받아들였다. 훗날엔 경제력이 좋아질 것이라는 말을 믿었고 또 그 말대로 이뤄졌기 때문이다. 그러니 허름한 셋방에 살지언정 결혼하고 출산하고 양육했다. 가족은 상식이었고 집은 어렵지 않게 주어졌다. 작은 것에서 큰 것으로 불어난 건 물론이다. 빚보다 집값이 빨리, 많이 올라 다다익선의 토지 신화까지 실현해냈다.

지금은 아니다. 더는 통하지 않는 논리다. 한국 청년에게 집은 살 능력도, 의지도 없는 대상으로 승격됐다. 주거 불안은 상시적인 골칫거리로 전락했다. 그럼에도 살아가야 하는 게 한국 청년의 임무다. 결국 청년들은 가지기 힘든 걸 갖고자 눈앞의 행복을 지연시키기보다는 필요한 만큼만 최적화해 효용을 높이기로 했다. 집을 소유하기보다 사용하는 데 가치를 둠으로써 시장주의에서 개인 주의로 기준점을 바꾸기 시작한 것이다. 집 걱정은 덜고 당장의 즐거움도 확보하려는 일종의 현실 타협안이다.

한편 청춘 남녀는 '마이홈' 재검토에 나섰다. 집의 탈(脫)소유 트렌드다. 내 집은 시세 차익이라는 경제적인 면에서, 위안이라는 심리적인 면에서 많은 의미를 갖기에 당연한 인생의 목표였다. 토지 신화가 건재한 한국 사회는 더 그렇다. 그런데 이런 집이 청춘 남녀에게 필수가 아닌 선택으로 평가절하되고 있다. 심각한 상황이자 인식의 변화가 아닐 수 없다. 미래 소득을 앞당겨서라도 집을 사두는 게 상식이던 시절이 계속될 수 없다는 걸 뜻한다. 마이홈이 무리수로 변질된 건 감당할 수 없는 가격 때문이기도 하지만, 똑똑해진 미혼 청춘이 현재와 미래를 나름의 방식대로 계산한 끝에 선택한 생존 방법이기도 하다. 궁극적으로 '소유→사용'으로의 집을 둘러싼 인식의 전환은 기성세대에겐 낯선 복수나 다름없다.

내 집 마련에 달관한 청춘,
평생 임대 등의 감속 라이프를 추구하다

후속 세대의 계산법은 논리정연하다. 기성세대가 빚을 내서라도 집을 샀던 실리와 명분에 버금간다. 포기와 좌절의 표현일 수 있지만, 길게 봤을 때 집을 보유 가치에서 사용 가치로 전환한 것은 꽤 합리적인 고민의 결과라고 볼 수 있다. 확연한 인플레 시대라면 몰라도 저성장의 고착화를 앞둔 지금 시대에 무자산 청춘이 빚을 내면서까지 집을 구매할 여력은 없다. 대출의 위험도 무시할 수 없다. 장기 대출로 인해 창업·전직·유학 등을 포기해야 할 수도 있다는 기회비용을 청년은 잘 인지하고 있다. 빚에 대한 압박으로 회사에 얽매이거나 자유를 잃어버리는 삶은 경계 대상일 따름이다.

부모의 힘을 빌리지 않는 한 청춘의 내 집 마련은 뒤로 밀린다. 그래서 미혼 청춘은 내 집을 소유하는 대신 평생 임대를 선순위에 올린다. 현실성도 높고 가치관에도 부합해서다. 정확히는 자의 반 타의 반의 선택이나, 갈수록 토지 신화를 불신하는 경향은 높아질 전망이다. 이자가 적고 월급은 오르지 않는 상황에, '집은 사두면 값이 뛰니까' 등의 논리는 먹혀들기 어렵다. 태어나고 자라면서 불황부터 배운 미혼 청년은 윗세대와 다르다. 실수요는 몰라도 투자용으로서의 집은 고려되기 어렵다. 강남이 뜨겁지 신도시와 변두리 일부에 나타나는 부동산 투자의 위험 징조에도 동의한다. 시장 논리를 봐도 인구 감소는 악재란 점을 이미 눈치 챘다. 가구 수와는 별개지만, 장기적으로 봤을 때 수급 불일치는 이들의 장기적인 전략에 있어 충분히 고려되는 요소다. 안전판인 근로 소득이 지속될지조차 확신하기 힘든데 인생에 무리한 부채를 더할 미혼 청춘은 많지 않다.

그럼에도 집은 필요하다. 소유나 임대와 무관하게 집 자체가 지닌 가치는 부인하기 어렵다. 그래서 미혼 청춘은 면밀한 대차대조표를 작성했고, 그 결과로 평생 임대를 택했다. 주택을 구입하는 것에 대한 옳고 그름은 여전히 뜨겁지만, 청년 세대를 중심으로 내 집 소유의 실효성에 의문을 가지는 이들이 늘면서 평생 임대론이 힘을 받는 추세다.

섣부른 판단이나, 후속 세대가 받지 않는 부동산은 종국엔 희소성이 사라지는 법이다. 더욱이 '주택 자금 < 평생 임대'의 비용 등식이 유효해도 내 집 마련은 고려 대상이 될 가능성이 적다. 각종 세금에 변제 이자는 물론 신경 써야 할 수고까지 시세 차익과 비교할 필요가 있다. 반면 평생 임대는 거주지를 자유롭게 선택할 수 있는 등의 매력이 있다. 자녀 양육과 노후 생활 등 인생의 변화에 맞추어 생활 환경을 통제할 수 있어서다. 무엇보다 직장인은 대출의 압박에서 탈출할 수 있다.

내 집 마련에 달관한 세대답게 미혼 청춘 중 일부는 고정된 공간으로서의 집을 아예 거부한다. 집이 꼭 필요한지 근본적인 회의감에 충실한 경우다. 이는 서구에서 유행하는 반시장주의적인 감속(減速) 생활 트렌드와 맥이 닿는다. 속도 경쟁에서 비켜선 이른바 '내려놓은 삶'을 추종하고 실천하는 움직임이다. 저비용·고만족의 라이프스타일을 지향한다. 집이란 게 행복을 위해 필요한 건데 되레 모두가 집 하나에 얽매여 인생을 낭비한다는 점에 반발한다. 그래서 작은 집에 살거나 혹은 거주 공간을 자유롭게 옮겨 다니며 덜 벌어도 되는 삶을 살겠다는 의지를 표현한다. 집을 버리고 삶을 얻는다는 논리다. 필요한 만큼 벌고, 버는 만큼 쓰는 삶이란 점에서 'B(Basic)라이프'로도 불리는데, 미국의 스몰하우스 붐과 연결된다. 또 캠핑카를 집으로 삼아 자유롭게 이동하며 살거나 컨테이너를 집으로 활용하기도 한다. 이러한 사례는 한국에서도 목격된다.

부모님? 효도요?
"아, 몰라요 몰라"

경영학과 복학생(24세) = "효도요? 할 수 있으면 해야죠. 근데 자신은 없어요. 내 앞가림도 못할 판에 부모님까지 챙겨드릴 여유가 있을까요? 부모님도 효도까지는 바라지 않으시는 것 같아요. 포기인지 배려인지 몰라도 네 인생만 잘 챙기라 하십니다."

교육학과 1학년(19세) = "부모님이 안됐죠. 제가 생각해도 참 힘드실 듯해요. 자식들 보며 답답해하시는 것도 충분히 이해됩니다. 제가 부모라도 마찬가지겠죠. 저는 부모가 될 자신도 능력도 없습니다. 하고 싶지도 않고요. 그냥 부모님과 사이좋게 사는 게 최선일 듯합니다."

기성세대는 청년에게 불만이 많다. 헝그리정신이 없고 미래를 꿈꾸지도 않는다며 한심한 시선으로 보기도 한다.

턱없이 편견적인 태도다. 위의 코멘트는 내가 수업 중 던진 질문에 대한 학부생의 답이다. 요약하면 "부모님에게 효도할 것이냐"는 다소 거친 물음에 "당연히 효도하려 노력하겠지만, 실제로는 잘 모르겠다"라고 답한 것이라 볼 수 있다. 본인만 챙기는 이기주의가 아니다. 감사와 죄송이 뒤얽힌 복잡한 속내일 따름이다.

"효도는 하고 싶죠. 그런데…"
청년도 부모가 아리다!

청년을 둘러싼 오해는 넓고 짙다. 먼저 살아본 이들이 느끼는 안타까운 조언과 질타겠으나, 번지수를 잘못 짚은 듯하다. 청년은 이기적이지 않을뿐더러 더 나은 삶을 살고 싶은 마음이 없지도 않다. 그 누구보다 처절하고 간절하게 발버둥치고 허우적댄다. 답답한 일상을 넘어 행복한 내일을 살고자 상상초월의 에너지를 끄집어낸다. 무방비한 자포자기의 삶을 드러내는 청년도 일부 있긴 하겠지만, 일반화는 성급한 오류다. 내일만 생각하면 걱정에 밤잠을 설치는 청년이 더 많다.

청년에게 부모는 복잡하고 다난하다. 부모는 기본적으로는 끝없는 사랑과 애정의 교환 상대지만, 커갈수록 부모를 대응하는 건 어렵고 힘들다. 고맙지만 때로는 서운하고, 알겠다가도 잘 모르겠는 상대다. 때로는 억압적인 족쇄이고 때로는 일방적인 곳간이다.

부모는 자식과 친구처럼 지내기를 희망하지만, 자녀는 부모가 결코 친구가 될 수 없음을 피부로 체감한다. 요컨대 자식에게 부모란 까다로운 버팀목이자 벗어나고픈 지원자다. 부모와 자식 사이는 상생적이며 갈등적이다. 물론 서로가 서로에게 버릴 수도, 버려서도 안 될 가장 소중한 바탕임은 두말할 필요도 없다.

표현을 안 해 그렇지 청년은 항상 늙어가는 부모가 애처럽고 애틋하다. 앞선 코멘트처럼 자녀라면 누구나 부모에게 효도하고 싶은 마음을 품는다. 자애(慈愛)가 당연하듯 효도도 자연스럽다. 효도 따위 내팽개친 되바라진 청년은 없다. 문제는 실천 의지는 있지만 능력이 따라주지 않을 때다. 특히 효도의 잣대가 일반화되면 효도를 하겠다는 심적 의지가 아닌 물질적인 능력이 더 중요해질 수밖에 없다. 이때 경제력은 중대한 변수다. 즉 경제력이 뒷받침되지 않으면 효도를 하고 싶어도 할 수 없다. 돈이 없어 불효자로 낙인되는 현실이다.

그래서 때때로 청년은 효도를 내려놓는다. '지금'은 아닌 '훗날'의 일로 연기하고 포기한다. 나중에 가능해지면 해드리자는 식이다. 효도는커녕 본인조차 홀로서기 어려운 판이기 때문이다. 청년은 부모보다 가난해질 미래가 사실상 확정된 최초 세대다. 돈벌이가 힘든 현실 탓에 효도를 미룰 수밖에 없는 것뿐, 노력하지 않는다고 폄하할 이유는 없다. 청년은 충분히 고군분투 중이다.

하물며 이들에게 결혼은 넘보지 못할 장벽이다. 혼자일 때도 빈곤한데 식솔까지 추가되는 가족은 공포스럽다. 수업 때 대학생들에게 "결혼하겠냐" 물어보니 매수업 10~20%의 학생들만이 결혼에 긍정적으로 답했다. 결혼 적령기에 근접한 대학원생에게 물어도 대답은 엇비슷했다. 학부생보단 긍정적으로 대답한 확률이 높지만 기성세대 감각으론 턱없이 부족한 'Yes'다. 정확한 속내는 "하고 싶어도 못하는 현실"로 정리된다. 좀 더 보태면 "안 하겠다고는 못 해도 할 수 있을지는 미지수"란 입장이다.

의지와 현실 사이에서,
효도의 재구성 실험

그렇다고 손 놓고 있을 청년이 아니다. 지금의 청년은 그 어떤 세대보다 지식이 많고 판단력도 좋으며, 무엇보다 스스로의 삶을 행복하게 만들고 싶은 본능에 열심이다. 부모를 포함해 주위까지 챙길 여유가 없을 뿐 삶을 내려놓는 경우는 거의 없다. 시대의 변화에 맞춰 그들만의 현재에 충실하며 미래를 기대한다. 효도도 마찬가지다. 고전적인 방식의 효도는 힘에 부칠 수밖에 없다. 그렇다고 끝없이 희생한 부모 가슴에 못을 박고 싶은 청년도 없다. 딜레마다. 그리고 딜레마는 풀려야 한다.

효도를 둘러싼 의지와 현실의 갭은 넓고 깊지만, "나만 잘살겠다"는 청년은 많지 않다. 어떻게든 부모의 행복을 꿈꾼다. 이로써 자녀 세대는 그들만의 딜레마 풀기에 착수한다. 바로 효도의 재검토이자 재구성이다. 시작은 '결혼하는 게 곧 부모님께 효도하는 것'이라는 인식을 부정하는 것에서 출발한다. 물론 부모는 이해하기 힘들다. 이때 필요한 게 새로운 효도의 개념과 실천 방법이다.

효도가 도마 위에 올랐다. 시대와 인식이 바뀌었듯 효도도 그에 맞게 새로이 규정되고 실천되는 차원에 있다는 뜻이다. 실험은 시작된다. 일단은 설득이다. '졸업→연애→결혼→출산→양육'의 표준적인 삶의 경로가 꼭 효도일 수는 없음을 강조한다. 표준적인 삶이 꼭 자녀의 행복에 직결되는 것은 아니라는 화두를 던지는 셈이다. 부모의 방식을 따르는 게 효도가 아닐 수도 있다는 의문의 제기다. 되레 어떤 삶이든 나의 행복이 궁극적으로 부모의 행복임을 설득한다. 달라진 효도의 재구성이다.

구체적으로는 절충이라는 방식을 통해 효도를 재구성할 수 있다. 그런데 이 절충이 신선하고 재미있다. 효도의 일방성(자녀→부모) 대신 상호성(자녀↔부모)을 대안으로 내걸기 때문이다. 어차피 금전적으로 돌보는 효도가 어려워졌다면 다른 방식으로 함께 행복 총량을 늘리자는 제안이다. 극단적으로는 "부모는 부모고 나는 나다"겠지만, 어쨌든 "내 행복이 가장 큰 효도"란 세뇌에서 출발한다. 지향점은 '홀로서기'이되, '갈라서기'는 아니다. 보통 2차 가족으로 분화해도 생활적인 부분에서 부모 자녀 간의 기밀한 연결은 중시된다. 즉 여기서 말하는 홀로서기란 '적당한 거리 두기'다. 효도를 부모님에 대한 금전적인 봉양으로 보지 않고 부모와 자식 간의 '생활 행복'으로 보는 것이다. 즉 효도는 협력적이며 상생적임과 동시에, 현실 타협적인 것으로 재규정된다.

자녀 의존성을
낮추기 시작한 부모들

부모도 시대의 변화를 누구보다 잘 안다. 그래서 역시 변한다. 자녀에게 당장 대놓고 효도를 요구하지 않는다. 원래부터 효도를 강요하는 부모란 별로 없겠으나, 요즘 부모는 확실히 자녀에게 효도를 기대하지도 주장하지도 않는다. 해주면 좋겠으나, 그럴 능력이 될지 미지수라 효도받는 건 희망사항일 따름이다. 가장 바라는 건 자녀의 독립과 행복이다. "효도 안 해도 되니 네 인생만이라도 잘 살기"가 일반적이다. 따라서 어떤 맥락에선 효도의 재검토에 더 적극적인 게 부모라 볼 수 있다. 4050 세대의 젊은 부모 중 상당수는 스스로 본인의 노후를 챙김으로써 자녀에게 의존할 여지를 낮춘다. 효도에 대한 부담을 없애 자녀의 선택과 활동 반경을 넓혀주려는 부모가 갈수록 늘고 있다.

요즘 부모는 자녀를 더 불쌍하고 가련하게 여긴다. 확률상 미래를 헤쳐나가는 게 자기들보다 어렵고, 바늘구멍을 뚫는다고 해도 1인분 생활이 녹록하지 않은 사회적 환경을 누구보다 잘 알아서다. 자녀에 의지해 노후를 보내는 미풍양속은 이제 아름답지도 바람직하지도 않음을 체감한다. 자녀의 효도를 기반으로 노후 생활을 누리는 건 현재 은퇴한 7080 연령대가 최후 세대다. '자녀 양육→부모 봉양'의 맞교환은 베이비부머(1955~63년생) 이후부터 설명력을 상실했다. 이들부터는 효도가 불필요하도록 스스로의 힘으로 노후를 준비하는 일이 최대의 과제로 부각된다. 자녀 양육비(교육비)와 노후 준비가 부딪히지만, 윗세대와 비교해 적게라도 비율 조정에 돌입한다. 자녀 양육에 무한정 돈을 쏟아붓는 건 가성비도 낮을뿐더러 기대감만 높인다는 직간접 학습 효과 때문이다.

이로써 한국 사회의 효도는 방황기에 진입한다. 재검토를 토대로 형식과 내용 모두 변할 수밖에 없다. 그대로 따라 할 만한 상징적인 사례나 모범적인 답은 없다. 이제 자녀는 독립으로 부모 짐을 덜어주기만 해도 다행이다. 부모는 애초부터 효도를 감안하지 않는다. 해주면 좋겠으나, 웬만하면 본인의 책임으로 두는 게 최선이라 여긴다. 훗날엔 몰라도 당장은 더 힘든 자녀에게 짐이 될 수는 없다.

예전엔 정형화됐었다. 결혼과 출산도, 효도와 봉양도 그랬다. 대표적인 본보기만 따라가면 족했다. 하지만 더는 아니다. "이만하면 잘 살았다"고 평가함직한 예시 자체가 사라졌다. 돌발 변수와 불확실성이 난무하고, 그만큼 가족으로서의 구심력과 사회로의 원심력이 치열해졌다. 부모 세대가 좇았던 산업화도 민주화도 끝났다. 후속 세대인 청년을 설명하는 건 다양화뿐이다. 선택도 인생도 과거의 표준편차에선 벗어날 수밖에 없다. 이를 질타하고 비난해선 곤란하다.

어떤 길이든 필요한 건 응원이다. 누구도 걷지 못한 낯설고 힘든 길은 걸어가는 것만으로도 충분하다. 지금 청년에게 절실한 건 전폭적인 공감과 지지다. 경로를 이탈한 것이 아니라 경로를 창조하고 있기 때문이다. 효도를 둘러싼 고민과 갈등은 누구도 당사자인 자녀만큼 크고 깊지 않다. 부모조차 자녀가 하고 있는 생각의 넓이와 깊이는 체감하기 어려울 것이다. 지금 청년은 그들이 할 수 있는 최선의 효도를 기획하고 실험하는 중이다.

'가족 vs 자유'의
딜레마 속 중년의 선택

"너무 가까워지면 휩쓸립니다. 휩쓸리면 정신없고 괴롭죠. 그렇다고 너무 멀어지면 소외됩니다. 소외되면 쓸쓸하고 불안하죠. … 이 세상을 어렵게 만드는 사람들, 이 세상에서 나를 힘들게 하는 사람들은 사실 우리가 '우리'라 부르는 사람들입니다. … 서로 공감하다가, 그리하여 거침없이 우리, 우리 하다가도 한순간에 절대 이해할 수 없는 괴물이 되는, 어쩔 수 없는 우리네 사람들일 뿐입니다. 나와 같지만 나와 다르고, 나와 다르지만 나와 같은 이 오묘함이 세상을 어렵게 만듭니다."[*]

'우리'를 가족이란 단어로 바꿔보자. 꽤 잘 읽힌다. 대부분 수긍할 수밖에 없는 치환이다. 가족주의를 넘어 집단주

[*]   임춘성(2017), 《거리 두기》, 쌤앤파커스, p.12 및 p.22. 일부 문장을 발췌했다.

의의 한국 사회에서 '우리'만큼 선악과 잘잘못이 엇갈리는 수식어도 없다. 냉정한 공격과 끝없는 지원을 가르는 내 편 네 편 구분의 대전제도 '우리'의 여부로 나뉜다.

한국 사회에서는 우리의 최소 단위가 가족이다. 한국 사람들은 '우리 가족'이라고 하지 '나의(My) 가족'이라고 하지 않는다. 영어로는 도저히 바꾸기 힘든 한국적 가치관이자 인식관인 셈이다. 그런데 이 '우리'가 지금 현대 중년의 재검토 도마에 올랐다.

중년은 가족을 빼면 설명하기 어렵다. 40~50대 중년 싱글이 사회적 현상으로 떠올랐음에도 불구하고, 여전히 중년에게는 가족이라는 말이 따라 붙는다. 그에 대한 대표적인 인식이 바로 가족 부양을 중년의 역할로 보는 것이다. 윗세대, 또 아랫 세대와의 생활 속 논쟁거리들이 집중적으로 발생한다는 점에서 중년은 가족과의 접점이 가장 높다. 몸은 하나인데 자녀를 양육하고, 부모를 돌봐야 하는 숙제는 점점 겹치거나 커진다. 그만큼 중년은 가족과 떼려야 떼기 힘들다. 또한 역으로 가족의 경제력과 그에 따른 생활 수준은 그대로 중년의 파워로 귀결된다. 중년에게 가족이 전부이듯, 가족에게도 중년은 버팀목이자 화수분이다.

'우리 가족'과 '내 인생' 사이에서
중년의 반란이 시작됐다

한국의 중년이 달라졌다. 가족을 둘러싼 새로운 관계 정립이
필요하다는 문제 제기에 사뭇 동의하기 시작했다. '우리 가족'만 챙
기다 '내 인생'이 날아갈 판이란 푸념이 술자리에서 안줏거리로 자
주 등장한다. 아빠와 엄마를 넘어 아저씨, 아줌마 모두 마찬가지다.
더 늦어지기 전에, 사람의 일생에서 중기인 시절에 나름의 생존 전
략을 세우고 자아를 모색하자는 차원이다. 주변을 봐도 그렇다. 가
족에 모든 걸 바쳤던 예전 4050 중년과 달리 지금 중년은 '우리' 대
신 'My'를 되찾으려는 결심과 실천이 뚜렷해졌다.

가령 '취미'와 '노후' 등 마음속 한편에 잠재워둔 낯선 단어가
애정하는 일상적인 단어로 부각된다. 자녀 및 부모와 관련된 문제
에 눌려 기조차 못 폈던 중년의 생산 일방적인 삶 속에, 본인과 배우
자를 우선하는 소비 지향적인 가치관이 들어서기 시작했다. 거슬릴
게 없는 중년 싱글의 라이프스타일이 번진 것도 한몫했다. 포인트
는 자아를 찾아서 실현하는 것이다. 중년 스스로 인생을 즐기며 살
기 위해 필요한 것을 찾자는 개념이다. 중년 특유의 낡은 프레임을
벗어던지고 알아서 행복을 움켜쥐려는 행보다.

주변의 사례를 보자. 71년생 샐러리맨인 지인은 술을 만들어
파는 가게를 차리기로 노후를 결심했고, 2~3년의 여유 시간을 투입

해 술을 배웠다. 몇 개의 정규과정을 이수했고, 틈날 때마다 전국을 돌며 막걸리와 전통주를 익혔다. 술에 대해서라면 전문가 뺨치는 수준의 지식을 갖췄다. 돈도 시간도 꽤 들었지만, 만족도는 높다. 대신 자녀에 대한 욕심을 좀 내려놨다. 자녀의 수험생 시절에도 그 흔한 학원 순례를 최소한만 했다. 덜 보니 잔소리가 줄어 자녀는 엄마보다 아빠를 더 편해한다. 2년 후 자녀가 독립하면, 즉 자녀가 대학에 졸업하면 새로운 도전에 나설 예정이다. 적어도 본인의 전망으로는 "모든 게 끝났다"에 기대를 하고 있다.

다음 사례는 좀 더 극단적이다. 70년생 아내와 68년생 남편인 부부의 사례다. 둘 다 잘 아는 학교 동문인데, 최근 귀촌을 결정했다. 남편의 퇴사를 계기로 전업주부인 아내가 동의하자 자녀를 도시에 두고 시골로 내려가는 길을 택한 것이다. 다행히 자녀 2명은 대학생이어서 최소한의 경제적인 지원만 해주겠다고 통보했다. 어차피 떠나보낼 둥지니 좀 일찍 독립시키자는 생각이었다. 자녀에게는 어쩔 수 없는 선택이라고 서로 받아들이게끔 설득했다는 후문이다. 부부는 귀촌해 큰돈을 벌 생각은 없다. 먹고살 정도면 충분하고 남겨줄 재산도 크게 필요치 않다는 투다. 크게 해주지 못하는 대신 늙고 병들어도 얹혀살지 않겠다는 승부수를 강조한다.

가족과의 거리 두기에
나서는 중년

사실 중년이면 한두 번쯤 주변에서 들어봤음직한 사례다. 이 사례들은 동의하고 수긍할 수밖에 없는 이 시대 한국 중년의 로망이자 고민이다. 향후 계획이 아닌 눈앞의 실천 단계에 놓인, 중년의 '행복 찾기' 미션이다. 가족에 대한 희생을 숙명으로 여겼던 예전엔 꿈꾸기조차 힘든 고민이었다. 그래서 삶의 중심에 당사자인 중년을 우선순위로 배치한다는 건 그만큼 도발적이고 획기적인 인식의 변화가 아닐 수 없다. 물론 자녀를 양육하고 부모를 돌봐야 하는 중년의 역할을 포기하거나 방치하진 않는다. 역할에 충실하되 본인의 삶까지는 내려놓지 않겠다는 의지일 뿐이다. 가족이 그들의 삶을 대신할 수 없음을 누구보다 잘 알기 때문이다.

이로써 한국 중년은 '잃어버린 나'를 찾기 시작했다. 굳세고 튼튼한 가족 문화와 외부의 시선이 부담스럽지만, 한편에선 이 외로운 선택지도 암묵적인 동의 속에 확산되는 분위기다. 윗세대처럼 '우리=가족'에 올인해본들 가성비는커녕 칭찬조차 못 듣는 현실이기 때문이다. 가족을 사랑하는 마음이야 시대가 바뀐들 큰 변함이 없으나, 희생만 하기엔 인생이 너무 길어진 데다 가슴 속 자아도 더는 묶어둘 수 없는 노릇이다. 중년은 높은 학력과 많은 경험을 바탕으로 인생에는 다양한 가치가 있다는 점도 체감했다. 그간의 주종 관계를 깨고 가족과 본인을 대등하게 보려는 서구적 가치관도 먹혀들기 시작했다.

첫 단추는 가족과의 관계를 재정립하는 것이다. 즉 '거리 두기'다. 중년 싱글처럼 가족 구성이란 숙제 자체를 뒤로 미루고 포기함으로써 애초에 거리 둘 상대를 만들지 않는 것도 유력한 선택지다. 올곧이 본인을 위한 삶을 택함으로써, 가족 때문에 발생하는 가치 충돌의 여지를 제거하려는 차원이다. 가족과 지원을 놓고 다투는 일도 줄일 수 있다. 반면 이미 결혼한 중년의 경우 가족과의 관계를 재구성해 일정 부분 거리를 둠으로써 완충지대를 설정하는 게 현실적이다. 가족은 내가 아닌 타인임을 인정하고, 부모와 자녀가 본인의 행복과 존재를 위협하지 않도록 함으로써 냉정하지만 오래가는 가족 관계를 설정하자는 의미다.

물론 쉽지 않다. 아직 결혼해 가정을 이루지 않은 청년이라면 원하는 거리를 얼마든 설정할 수 있다. 반면 중년은 다르다. 거리를 뒤야 할 상대가 이미 존재하고, 단계도 필요하다. 그럼에도 이대로는 서로가 힘들어질 수 있다는 점에서 더 이상 미루기는 힘들다. 한 발 한발 적당한 거리를 설정하려는 시도가 요구된다. 위·아래의 혈연 가족들 역시 중년에게만 부담과 희생이 집중되는 것은 바라지 않는다. 오히려 거리 두기가 각자의 자발성 및 독립성을 강화시켜 관계를 더 좋게 만들기도 한다. 건강한 거리야말로 서로에게 했던 일방적 요구와 기대를 다시 되돌아보게 만들어서다.

거리 두기의 효과는 생각보다 크다. 인생 중기의 위기를 방지할 수 있을 뿐만 아니라 향후 노년의 행복도 결정할 수 있다. 가령 중년은 파산하기 딱 좋은 때다. '우리=가족'이라는 운명공동체가 불러 일으키는 극단적인 위기가 중년기에 집중된다. 중년에는 크게 다섯 가지의 위기에 직면할 수 있다. 고용 위기, 가족 위기, 심리 위기, 질환 위기, 사업 위기다. 평범한 중년조차 한두 가지의 함정에 빠질 수 있다. 대신 한 가지라도 걸리면 나머지로의 전염은 시간문제다.

위기의 중년, 방화벽을 세우다

중년에 닥칠 다섯 가지 위기엔 공통점이 있다. 최종적으로는 모든 충격이 가족에게 집중된다는 점이다. 출발이 무엇이든 결과는 가족의 몫이다. 가장 흔한 고용 위기만 봐도 전염의 속도와 미치는 영향의 범위는 무차별적이고 동시다발적으로 가족 전체에게 닥친다. 따라서 중년 실업은 가족 붕괴의 단초일 수밖에 없다. 뒷바라지는 무너지고 가족 사랑은 옅어진다. 출구가 없는 운명공동체적인 가족일수록 충격은 크다. 하지만 평소에 미리 방화벽을 쌓아둔다면 적어도 불길은 잡힌다. 적당하고 건강한 거리 두기를 통해 위기가 봉착했을 때의 불길이 퍼지지 않도록 관리하는 게 상책인 셈이다.

가족을 '우리'에 가두는 시선에서 벗어나 '타인'으로의 개념 전환에 나선 한국 중년의 변심은 무죄다. 거리 두기를 통한 '가족→자유'로의 무게 이동은 결코 시대 변화가 낳은 이기심이 아니다. 자신만 챙긴다고 스스로 죄책감을 느낄 필요는 없다. 오히려 일방적인 희생을 강요하는 가족 관계를 상호적인 생활 공동체로 정상화시키는 지름길이 될 수 있다. 자녀로서도 손해 볼 일은 없다. 처음엔 왜 그러나 싶겠지만, 결국엔 다 함께 사는 길임을 깨닫는다.

중년의 스트레스 중 상당수는 가족 때문이다. 돈, 일 등 직접적인 단어와 문법은 달라도 행간엔 늘 가족과의 갈등이 놓여 있다. 그렇다고 끊을 수도 없는 관계니 더 갑갑하다. 가까우니 휩쓸리고, 멀어지니 쓸쓸하다. 적당한 거리란 그만큼 어렵다. 따라서 '우리'란 말로 내 곁에 깊이 들어온 사람일수록 그와의 사이를 적당히 나누는 관계 설정이 절실하다. 가족공동체에 빈틈이 생기는 건 그 시스템의 거리를 조절하는 데 실패했기 때문이다. 해법은 본인에게 있다. 휘둘리지 않으려면 의존성을 낮추는 게 좋다. 지금 한국 중년은 이 실험에 나섰다.

새로운 중년 숙제
'부모에 형제까지 어떡할꼬'

"대기업 직장인 A씨는 어느 날 고객접대 중에 아내의 전화를 받았다. 아침까지 멀쩡하던 어머니가 갑자기 뇌경색으로 쓰러졌다는 것이다. 다행히 목숨은 구했지만 어머니는 통원을 반복하며 침대생활에 의지했다. 결국 치매진단까지 받았다.

A씨는 가까스로 아내를 설득해 어머니를 집에서 모셨다. 요양시설도 생각했지만, 부모는 자식이 모셔야 한다는 친척들의 압력에 굴복했다. 하지만 이게 결정적 실수였다. 갈수록 아내의 신체적·정신적 피로가 깊어지며 신경질적인 반응이 늘었다. 참다못해 아내는 가출했다. 아내를 찾은 곳은 건널목 앞이었다. 넋 나간 아내의 표정에서 A씨는 소름이 끼쳤다. 그때서야 요양기관을 수소문해 2,000만 엔의 입주비와 월 23만 엔의 이용료를 내고 입원시켰다. 부담은 상당히 컸지만, 살기 위해 어쩔 수 없었다."

세대 불문, 무거운 책임에서
벗어나고 싶은 개인
—
83

2011년에 출간한 《은퇴대국의 빈곤보고서》에 소개한 사례다.* 오래된 샘플인 데다 일본의 사례라 감흥이 떨어지는가? 당시엔 충격적인 사례지만 그래도 한국에 끌어오기엔 무리란 지적이 있었다. 그럼 지금은 어떨까? 극단적이지만, 수긍할 수밖에 없다. 한국의 사례라 해도 전혀 이상하지 않다. 어쩌면 이보다 더 놀라운 이야기도 많다. 전대미문의 인구 변화 속에 급속히 고령 사회에 진입한 한국이기에 간병 논쟁이 매섭게 확대된 탓이다. 고령인구 중 치매 환자는 밝혀진 것만 10%에 육박하며 심각한 사회 문제가 됐다.

중년은 힘들다. 쉬운 말로 샌드위치 신세다. 교육과 결혼 지원비 등 자녀를 돌보는 데에 과도한 비용이 든다. 출산이 늦어지며 나이 50을 넘겼음에도 사교육비에 휘청이고, 독립이 미뤄진 자녀의 생활비를 대야 할 판이다. 차라리 좀 쌈짓돈을 떼어주고 빨리 결혼시키면 다행일 정도다. 그래도 자녀 부양은 시간의 문제다. 기생충처럼 숙주(부모)를 못 떠나는 자녀도 적지 않다지만, 대개는 내보낼 수 있어서다. 문제는 부모 봉양이다. 늘 건강할 줄 알았던 부모가 소리소문 없이 아프기 시작한다. 이로써 느닷없이 다가와 속절없이 괴롭히는, 간병 문제가 본격화된다.

---

*　　전영수(2011), 《은퇴대국의 빈곤보고서》, 맛있는책, pp.161-162. 〈주간동양경제〉에 소개된 기사 (2010.10.23.)를 발췌·요약한 내용이다.

각자도생
사회
—
84

중년의 어깨 위로 쏟아진
부모 간병 문제

예외는 없다. 중년이 가진 꽤 광범위하고 보편적인 걱정거리 중 하나가 바로 부모의 간병을 대처하는 것이다. 아직은 아니어도 언제 현실이 될지 모른다. 실제 주변엔 한 집 건너 한 집은 부모의 간병 때문에 골머리를 앓는다. 자연스레 고민거리가 등장하는 중년끼리의 술자리에선 '자녀→부모'로의 이슈 전환이 순식간이다. 많은 정보와 숱한 경험이 확대되고 재생산된다.

겪어보지 않으면 잘 모른다. 위기감과 심각성은 당사자가 되어서야 더 공감되고 확산된다. 아직이라면 잠시나마 비켜선 불행에 감사해야 할 일이다. 끝까지 간병 문제가 닥치지 않도록 간절히 기도하지만 그런 일은 기대하기 어렵다. 이쪽저쪽 도합 4명의 부모가 생존했다면 더더욱 그렇다. 4050 세대 중년의 부모라면 병이 언제 닥쳐와도 자연스럽다.

그래도 아직은 좀 낫다. 간병이 필요한 잠재적 환자인 고령 인구가 많지는 않다. 다만 2025년이면 베이비부머(1955~63년생)의 맏형부터 70세에 들어선다. 70세부터는 유병 비율도 급증한다. 세월 앞에 장사는 없는 법. 이즈음 맞물리는 초고령 사회의 개막은 생각만으로 아찔하다.

중년 터널 한가운데에 서 있는 나 또한 간병만 떠올리면 밤잠을 설친다. 일종의 맛보기를 경험한 탓이다. 함께 사는 장인어른이 뇌경색으로 쓰러지면서부터다. 심각한 섬망 증세까지 겹치며 2주일 넘게 병원 신세를 졌다. 1인실은 물론 간병인까지 여러 번 바꿔가며 병에 대응했지만, 치료는 요원했다. 집에서 모실 형편이 아니었기에 인근의 요양 병원도 여러 곳 방문했었다. 만족스런 곳은 거의 없었다. 장인어른의 몸은 하루가 다르게 나빠졌다. 판정은 안 났지만, 증상은 치매와 거의 판박이였다. 결국 집으로 퇴원했고, 온가족이 총동원됐다. 돌아가며 간병했다지만 심리적으로도 체력적으로도 부담은 상당했다. 집안의 공기는 확연히 나빠졌다. 다행스럽게도 상황은 금방 나아졌다. 비교적 짧은 시간 내에 증세가 좋아졌기에 그쯤에서 끝났지만, 지금 생각해도 아찔한 기억이다. 치매가 확실했다면 후폭풍은 감내하기 힘들었을 터다.

느닷없는 경험은 소중한 기회를 안겨줬다. 간병 대비는 꼭 필요하고, 긴급한 상황에 맞춘 대응 수칙을 준비하는 것도 절실한 숙제라는 깨달음을 얻었다. 무엇보다 가족 간의 일상적인 대화를 통해 역할을 분담할 수 있도록 원칙을 세우는 것이 중요하다는 사실을 배웠다. 분가한 중년 형제끼리의 이해와 갈등의 조정은 당연지사다. 상호 공감을 전제로 사소한 것부터 꼼꼼하게 분담하는 것이 좋다. 이때 방안은 구체적이고 현실적일수록 그 실효성이 높다. 알다시피 말은 쉬워도 결코 쉽지 않은 과정이다. 멀쩡하던 가정조차 간병 이후 망가질 수밖에 없음은 한국 사회의 냉엄한 현실이다. 간병은 집안에서 해결할 수 있는 차원의 문제가 아니다. 그렇다고 사회에 책임이 있다고 운운하기엔 넘어야 할 산이 높고 험하다. 사회가 좋아지기까지도 시간이 필요하다. 결국 짐은 갈 길 바쁜 중년의 딱딱한 어깨 위로 쏟아질 수밖에 없다.

중년 어깨를 짓누르는 새로운 부담
형제 격차의 짐마저?

이처럼 자녀의 굴레에서 벗어나도 부모의 속박이 펼쳐지는 게 중년의 숙명이다. 그런데 최근엔 여기에 새로운 부담까지 보태진다. 예전엔 거의 없었던 부담거리로, 비슷한 연배의 형제자매를 지원하는 문제다. 형제자매 중 결혼을 하지 않아 2차 가족으로의 사회·경제적인 독립에 실패한 사람들, 그래서 제 몫을 하기는커녕 나이를 먹어서도 1차 가족의 주변에 잔류하며 부담을 안기는 경우다. 원래라면 부모의 둥지를 떠나 2차 가족을 구성하고 운영하며 독립된 가계도를 완성하는 게 일반적이고, 그렇게 확대된 가족의 핵심 뼈대로 형제자매 간 협력도 발생하기 마련이다.

그런데 갈수록 분화에 실패한 중년 인구가 증가하고 있다. 앞서 언급한 중년 싱글이 대표적이다. 원래부터 독신이거나 이혼 또는 사별 후 솔로로 환원된 경우다. 물론 중년 싱글이라고 모두 경제적으로 취약한 계층인 것은 아니다. 가족 분화를 이뤘음에도 보다 경제적으로 하위인 경우도 많다. 어찌 됐든 완전한 독립이 불가능한 일부 중년들의 문제는 결국 남겨진 형제자매의 부담이자 역할로 전가된다. 형제와의 격차가 본격적으로 확대되는 중년 시기에 자의 반 타의 반으로 제대로 독립하지 못한 형제의 생활 지원마저 떠안는 셈이다.

흔히 중년은 독립된 가정의 가장이자 능동적인 주체로 이해된다. 중년이면 1차 가족에서의 분화와 2차 가족의 구성을 완료한 후 안정기에 접어들었다 여겨진다. 하지만 현대사회는 중년 싱글을 필두로 이질적인 인생 모형을 양산한다. 물론 나름의 생존을 위한 변신일 수 있으나, 문제는 변신이 진화로 승화되지 않고 도태될 때다. 재도전으로 도약할 기회가 막힌 환경에서 도태되는 중년이 많아지면 부담은 고스란히 가족에게 남겨진다.

도태된 중년을 처음부터 형제가 지원하지는 않는다. 직계가 건재하면 방계는 후순위, 즉 고령 부모와 독신 자녀의 가족 조합이 우선된다. 한국 사회에서 늘고 있는 유형으로, 젊은 독신 자녀의 직업적 변화와 중년 이후 부모의 신변 변화가 맞물려 합가하는 경우다. 대개는 질병을 가진 부모와 실직한 자녀가 경제적으로 서로를 돕는 구조다. 2차 가족을 꾸려 독립한 기혼 형제도 싱글 형제가 부모와 동거하면 마음이 놓인다. 내 형제가 나이 드신 부모를 가까이에서 챙겨줄 수 있어 좋다. 다만 동거하는 형제의 경제력이 줄어들면 상황은 복잡해진다. 부모에게 얹혀살까 염려되기 때문이다. 가뜩이나 노후 빈곤이 심각한데 중년의 자녀마저 끌어안는다면 부담은 배가될 것이다. 결국 부모가 죽고 나면 무직·싱글로 늙어가는 형제가 새로운 골칫거리가 될 수밖에 없다.

법률상(민법 제974조) 형제를 부양할 의무는 없다. 도덕적인 비난은 가능해도 제도적인 강제는 힘들다. 그렇다고 방치할 수도 없다. 평생 미혼이 트렌드로 안착하면서 형제 부양은 새로운 갈등 지점이 되고 있다. 부모에 기생하는 독신 자녀를 뜻하는 패러사이트^{Parasite}족도 나날이 증가세다. 10~20년 전만 해도 독립의 지연으로 여겨졌지만, 지금은 평생 눌러앉는 중년 자녀로 전이되는 양상이다. 일본에서도 부모 사망 후 남겨진 빈곤한 독신 중년이 문제될 때가 많다. 그들의 빈곤이 결국 다른 형제에게 부담으로 떠넘겨지는 경우가 비일비재하다.^{**} 부모에 형제까지 이중 부담인 셈이다. 경제력이 탄탄하지 않는 한 혈연에 의존하는 것은 연쇄적인 빈곤 족쇄로 작용할 수밖에 없다.

** 　전영수, 한경비즈니스, '늙은 캥거루족 누가 부양해야 할까' (2017.08.14.) 일본의 통계를 보면 45~54세 연령대 중 캥거루족은 1980년 18만 명에서 2016년 158만 명으로 급증했다. 예비 그룹 (35~44세)도 전체의 20%에 육박한다. 일본의 50세 3명 중 1명은 독신으로 나이까지 먹어버린 것이다.

중년의 각자도생 자원 배분

이기적? 아니, 이타적!

그렇다면 방법은 없을까? 어떻게 하면 중년은 스스로의 생활을 수립할 수 있을까? 역시 대전제는 각자도생적인 본인 위주의 가치를 실현하는 것이다. 과거처럼 능력 범위를 벗어나 일방적인 부담과 희생을 짊어지며 다 함께 침몰할 수는 없다. 그건 불행의 전염일 따름이다. 이제 중년이 우뚝 서서 중심을 잡아야 한다. 그래야 주변 가족의 안전망을 확보할 수 있다. 섭섭하고 서운해도 최소한의 방어막은 지켜내는 게 좋다. 배고프다고 심어야 할 씨앗을 삶아 먹을 수는 없다.

결국 중년 부담의 최소화를 지향한다. 내 부모와 형제가 지원을 필요로 한다면 그에 앞서 능력과 의지부터 세분화하는 게 좋다. 대화나 설득, 타협으로 감내가 가능한 적정수준을 단계별로 설정하는 식이다. 퍼주기식의 맹목적인 지원은 바람직하지 않다. 가령 부모를 간병할 때는 세상 사람들의 눈치를 볼 필요 없이 능력껏 정도껏 하면 된다. 부모에게 재산이 있다면 미리 상속받기보다는 우선적으로 부모가 직접 소비하도록 유도하는 게 효과적이다. 형제에 대한 지원도 마찬가지다. 능력과 의지에 맞춰 도와주는 게 최선이다. 무리하게 돕다가 본인마저 망가져선 곤란하다.

가장 좋은 건 부모 형제의 지원 문제에 있어 처음부터 방어선을 구축하는 전략이다. 적어도 지금 중년은 이 준비를 스스로 해둘 필요가 있다. 주변 가족에 폐를 끼칠 여지를 원천적으로 봉쇄하는 차원이다. 자녀를 위해서도, 형제를 위해서도 그게 최선책일 수밖에 없다. 가족이라도 간병에 대한 책임과 부담의 범위를 명확히 하는 것이 좋다. 한정된 자산을 어떻게 배치할 것인지 계획을 세우는 작업도 필수다. 피붙이를 향한 무한 지원 대신, 먼저 본인의 노후 준비를 마친 뒤 부모 형제의 노후를 능력과 의지로 차등해 할당하는 식이다. 일견 이기적인 행위로 보여질 수 있으나, 어쩌면 가족의 공생을 위한 가장 이타적인 결정일 수 있다는 점에서 응원받아야 할 선택이다.

기생충이냐 캥거루냐,
가족 난민 탈출구

코멘트 1 = "아들은 하루에도 몇 번씩 죽고 싶다는 문자를 보냅니다. 그
때마다 가슴이 철렁 내려앉습니다. 그러다가 다시 죽고 싶다는 문자가 오
면 그제서야 살아 있구나 하고 안도하는 생활의 반복입니다."

코멘트 2 = "오빠는 쉰셋입니다. 열여덟 살 때 못생겼다고 놀림을 당한
뒤로 히키코모리가 됐습니다. 부모님은 모든 게 자신들 책임이라며 오빠
를 돌보고 있습니다. 이제 부모님도 여든이 넘으셨는데 어떻게 해야 할
지…."

코멘트 3 = "아들이 TV며 선풍기를 몇 대나 망가뜨렸는지 몰라요. 친척
들이 무서워서 집에 못 옵니다. 나이는 들어가는데 언제까지 아들을 돌볼
수 있을지 경제적, 체력적으로 한계를 느낍니다."*

이럴 줄은 몰랐을 터다. 요트를 타는 노후까진 몰라도, 은퇴 후에는 큰 걱정 없이 한적하게 여유를 즐기는 본인의 모습을 기대했을 것이다. 신체적 또는 금전적인 우려는 있을지언정 적어도 자녀 문제로 말년까지 시달릴 것이라고 가정하기는 어렵다. 도와준다고 해도 부모가 본인의 생활을 먼저 챙기는 '한도껏' 지원마저 확산되는 마당에, 자녀의 문제가 노년 부모의 일상 고민으로 전락할 일은 별로 없다는 게 평범한 사고 체계다. 자녀가 잡은 뒷덜미가 노후의 풍경을 살얼음판으로 내몬다는 건 상상만 해도 끔찍하다.

안타깝게도 중년 자녀는 노년 부모의 새로운 복병으로 자리매김했다. 위의 세 가지 사례는 주변에서 의외로 흔히 만나볼 수 있다. 즉 불행한 일부 가족만의 문제가 아닌, 자녀가 있는 모든 부모에게는 잠재적인 갈등 요소라고 할 수 있다. 자녀의 사회 진출과 독립 생활이 무난했던 예전엔 드문 일이었을지 모르나, 더 이상은 아니다. 갈수록 자녀의 독립이 힘들어지고, 독립했더라도 완전한 독립이 힘든 시대의 흐름으로 볼 때 자녀 문제가 일상화될 확률은 커진다. 따라서 즐거운 은퇴 생활을 꿈꾼다면 자녀의 독립을 선순위로 해결해야 한다.

---

* 중앙일보, '집에 틀어박힌 중년 61만 명… 쉬쉬했던 여든 부모는 울었다' (2020.01.13.) 세 가지 코멘트 모두 기사를 취합·발췌했거나 재구성한 내용이다.

자녀 독립의 미완성,
추세화된 만혼과 비혼

자녀는 물가에 내놓은 아이처럼 걱정스럽다. 나이를 먹는다고 걱정이 덜해지지는 않는다. 본인만의 2차 가족을 구성하고서도 1차 가족으로 재차 컴백하는 선택지마저 흔해진 시대다. 내보냈다고 안심할 일이 아니다. 하물며 나이를 먹고서도 미혼이거나 아예 비혼에 올라탄 경우, 1인분의 경제활동마저 약화되면 특히 더 불안하다. 안타깝게도 착한 자녀였을수록 노년 부모의 삶에 생채기를 낼 여지도 많다. 부모 말만 따르고 부모의 기대에 부응하고자 감정을 죽이고 살다가 어느 순간 사회와 갈라설 수 있어서다. 주변과의 관계가 단절되거나 혹은 실직처럼 대형사건이 터지면 그들은 온전히 자기 공간인 방 안으로 함몰되는 방어기제를 택한다. 요컨대 은둔형 외톨이(일본어로는 히키코모리)로의 전락이다.

한국보다 일찍 늙은 초고령 사회 일본은 이 갈등이 심각한 사회 문제로 번졌다. 은둔형 외톨이는 노년 부모의 은퇴 생활을 위협할뿐더러 사회 비용을 유발하며 갈등의 요인으로 등장한 지 오래다. 처음엔 가족 문제로 방치됐던 게 지금은 거침없이 중대한 연쇄 범죄로 퍼져 수면 위로 떠올랐다. 늙은 부모가 수두룩한 일본 사회로선 간과하기 힘든 사회적 문제다. 순조로운 사회 진출에서 이탈한 과거의 청년이 현재 나이를 먹어 대거 중년으로 진입했다는 점에서, 요즘 애들의 문제가 아닌 세대 불문 공통의 논쟁거리로 확대된다.

실제 115만 명에 달하는 15~64세의 은둔형 외톨이 중 40대 이상이 과반수를 웃도는 61만 명으로 집계된다(2018년). 일본에선 이를 '8050 문제'로 부른다. 중년(50대) 자녀와 노년(80대) 부모의 얽히고설킨 문제다. 뾰족한 해법은 없다. 일본 정부는 각종 지원을 내놓았지만, 효과는 미미하다. 사회와의 관계를 설정하는 것은 중요하지만 그만큼 쉽지 않아서다. 짐은 그대로 부모의 몫으로 귀결된다.

최고의 노후 준비는 역시
자녀의 온전한 독립

혼자 사는 삶은 결코 이상하지 않다. 자연스런 현상으로 인식되는 게 옳다. 연애와 결혼을 거부하는게 비난받고 지탄받을 일이 아니듯, 나 홀로 사는 삶도 마땅히 존중되어야 한다. 단 조건이 따른다. 선택엔 책임이 따르듯 1인 가족화에서 생겨나는 부작용에도 스스로 대응하고 처리해야 하는 게 순리다. 즉 각자가 주체적인 생활능력을 바탕으로 가구를 운영하는 감각을 지녔을 때나 혼자 사는 삶에 잡음이 생기지 않는 법이다. 문제는 이게 말처럼 쉽지 않다는 점이다. 이때 파생되는 문제는 대부분 남겨진 1차 가족에게 집중된다.

중년 부모야 그래도 낫다. 아직은 경제력이 있고 자녀도 젊기에 약간의 선제 준비로도 일정 부분 불행의 함정에서 비켜설 수 있다. 그러나 노년 부모는 다르다. 일정 기한이 되면 끝나야 하는 자녀 지원이 영구적인 착취로 이어지면 노후 생활은 물거품이 된다. 안타깝게도 대부분의 노년 부모는 이를 깨닫지 못한다. 자녀 문제가 눈앞에 닥쳐와도 어찌기 힘든 본인의 불행으로 치환하며 인내하고 흡수한다. 한편 자녀의 나이가 50을 넘겼어도 언젠가는 독립할 것이란 망상도 건재하다. 시간이 걸릴 뿐 내 자녀가 '졸업→취업→결혼→출산→양육'의 생애 주기를 이어나갈 것이라 기대하며 스스로의 노후나 준비하자 다짐한다. 하지만 자녀가 일반적인 생애 주기에서 벗어나자 위기를 느끼기 시작한 노년 부모가 많아졌다.

독립하지 못한 자녀들이 부모에게 의존하는 현상을 언급할 때 흔히 기생 싱글 혹은 캥거루족이란 키워드가 동원된다. 단어의 의미처럼 부모를 숙주로 하거나 주머니에 얹혀사는 걸 뜻한다. 아직까지는 젊은 자녀에 한정해 쓰이는 것도 특징이다. 일본처럼 중년 자녀로 전선이 확대되진 않은 상황이다. 이들의 존재가 노년 부모의 은퇴 생활을 본격적으로 위협·방해하는 사례도 아직은 소수다. 물론 조만간 급격히 늘어날 것이다. 캥거루족을 방치하면 훗날 노년 부모를 갉아먹는 기생충이 될지 모른다.

부모가 은퇴해서도 어느 정도는 자녀를 먹여 살릴 수는 있다.

다만 영구적이진 않다. 앞서 말했듯 부모 사망 후엔 형제 부담으로 전가되거나 방치된 은둔 생활자로 전락할 것이다. 즉 불편한 동거는 개인의 불행을 넘어 사회 문제로 넘어간다.

아쉽게도 한국 사회 역시 일본의 경로를 뒤따른다. 부모와 동거하며 경제적으로 종속된 미혼 자녀는 갈수록 증가세다. 50~69세에게 물었더니 설문에 응답한 사람 중 39.1%가 캥거루족 자녀가 있다고 답했다. 부모가 돈을 벌지 않는데도 뒷바라지 중이라는 응답도 36.3%에 달한다. 그중 당연하게도 41.2%의 부모가 경제적인 부담을 호소했다. 그럼에도 67%가 자녀가 노후를 봉양해주리라 기대하지 않았다. 대신 스스로의 자발적인 은퇴 준비가 유일무이한 노후 대책이라 했다.[**]

세계일보, '新 캥거루족 데리고 사는 신중년들, 노후 준비는 스스로' (2019.06.22.)

세대 불문, 무거운 책임에서
벗어나고 싶은 개인

자녀와 부모 사이,
미움받을 용기로 관계 설정을

캥거루족과 기생 자녀, 그 결과는 '가족 난민'***이다. 중년 자녀
를 지닌 노년 부모라면 착실히 준비해야 할 최대 미션은 바로 가족
난민으로부터 벗어나는 것이다. 독신 자녀는 물론 언제든 되돌아올
이혼 자녀가 가족 난민이 되지 않도록 대응을 마련할 필요가 있다.
일단은 '미움받을 용기'를 통해 자녀와의 금전적·심리적인 균형을
확보하는 일이 시급하다. 중년 싱글이 부모 지원 없이도 살수 있도
록 독립적인 관계를 설정하는 것이 중요하다. 혹은 부모·형제가 아
니라도 타인과의 관계 구축을 유도해 가족기능을 보완해주는 방법
도 좋다. 한편 은둔형 외톨이에 빠지지 않게 국가가 미리 개입하는
방식도 좋다. 정책상으로도 수정이 필요한데, 복수의 가족을 정상
가족으로 규정한 과거체계를 재검토해 1인화의 단수 가족도 사회
시스템에 적극적으로 흡수·적용해야 한다.

무엇보다 중요한 건 지나친 개입을 하지 않는 것이다. 한국처
럼 자녀에게 깊숙이 끼어드는 사회도 잘 없다. 자녀에게 엄청난 자

***   야마다 마사히로 저, 니시야마 치나·함인희 역(2019),《가족 난민》, 그린비. 저자인 야마다 교수에
        따르면 싱글화에 따른 가족 문제의 핵심이 가족 난민으로 요약된다. 싱글화의 최대 폐해는 자립을
        포기한 채 부모와 동거하던 싱글들이 중년이 됐을 때 부각된다. 부모의 경제력이 있을 때는 버티
        지만, 사망하거나 연금이 끊기면 어디에도 기댈 곳 없는 처지에 빠져서다. 이런 상황에 놓인 중년
        싱글을 요컨대 '가족 난민'으로 규정한다.

원을 투입한 탓에 걸맞은 결과를 기대하고, 기대한 만큼 돌아오지 않으면 낙심도 크다. 자녀로서도 역할 분리가 힘들어진다. 자녀로선 모든 걸 부모가 알아서 해줬으니 의존성은 커질 수밖에 없다. 따라서 특정 시점이 되면 부모는 자녀의 인생에서 뒤로 물러서는 게 옳다. 다 큰 자녀를 책임진다는 건 자녀를 망가뜨린다는 걸 뜻한다. 응원하되 개입하면 곤란하다. 스스로 인생을 열어 젖히도록 멀찌감치 떨어져 지켜봐주는 게 바람직하다.

3부

×

각자도생의
'1인분 책임 사회' 등장

결혼은 결코
정답일 수 없다

"(첫 만남) 사람 좋아하는 거 안 무서워요? 안 아파요? … 저는 연애 안 해요. 적성에 안 맞아요. 연애는 좀 치사한 것 같아요. … 사랑은요, 사람들이 만들어낸 환상 같아요."

"(사건 후) 난 사랑을 안 해. 책임져야 하니까. 기대를 안 하면 실망을 안 하잖아. … 넌 애인도 아닌데 그렇게 굴지마. … TV 예능 보는 것 같다니깐, 결혼 가능한 사람들 보면."

"(이별 후) 가야겠다. 나중에 혼자 밥 먹기 싫을 때 연락해."

　　　　독립영화 〈메이트〉의 남자 주인공이 내뱉은 대사 중 일부다. 2020년 연초에 우연히 보게 된 영화인데 영화 속 대사가 두고두고 잔상으로 남아 있다. 캐릭터상 남자 주인공의 연기는 완벽하다. 연애는 하고 싶은데 상처받기는 싫은 한심함과 찌질함이 그대로 배어난다. 현실감 넘치는 연기에 실제 인물을 보는 것같아 짜증이 날 정도다. 그럼에도 대사들을 곱씹어 볼 만한 이유는, 한국 청년의 고민과 걱정이 여과 없이 투영된 일종의 시대 고발인까닭이다. 연애 본능과 냉엄한 현실이 곳곳에서 정면충돌하며 한국청년이 왜 고민하는지, 뭘 걱정하는지를 충실히 표현한다. 분명 극단적이지만, 엄연히 현실을 기반으로 했다는 건 부인하기 어렵다.

"내 한 몸 건사하기도 빡센데 그 누구를 책임진다? 절대 못 할 것 같아요. 솔직히 말해 그럴 여유도 없고. … 결혼 생각이 없다고 했지여자를 안 만나겠다고는 안 했습니다. … 하지만 저는 감정을 더 키우지 않기로 했습니다. 인생의 짐을 덜어내기에도 빠듯하니깐요.알아요. 저 비겁한 거. 사랑의 책임감은 철저히 외면한 채 자유와 행복만 누리고 싶은 못된 남자. … 그날부터 우리 관계는 연인과 친구사이 그 어딘가에 있었습니다. 스킨십은 다른 연인처럼 핫하고 달콤하게 하면서. 평범한 남사친 여사친처럼 쿨하게. 맞아요. 제가 바라던 딱 그 정도의 사이가 된 거죠. 썸을 넘어섰지만 사랑에는 미치지 않은 사이."

연인과 친구 사이를 원하는 청춘들
너무 무거운 결혼의 무게감

영화 〈메이트〉 속 남자의 대사들은 당사자가 아니라면 사실 공감하기 어렵다. 그래서 추가 설명이 필요하다. 바로 위 발췌문으로, 별도의 예고편에 나오는 남자의 몇몇 독백을 간추려봤다. 남자의 독백에서 본능은 원하지만 현실이 막는 연애를 둘러싼 이율배반적인 딜레마가 확인된다. 즉 남자 주인공이 생각하는 연애란 '가슴이 응원해도 머리가 방해하는 이벤트'일 따름이다. 그래서 택한 게 책임지지 않는 거리인 썸과 사랑의 중간 정도다. 하물며 결혼은 논외다. 사랑조차 허용되지 않는데 결혼은 무리다.

영화는 한국 청년의 현실 연애를 잘 풀어냈다. 청년들의 연애 방식이 용기 없는 연애로 내몰리는 한국 사회의 억눌린 환경이 생생하게 묘사됐다. 규정할 수 없는 관계, 사실상 애인임에도 공론화하기엔 뒤따르는 책임이 두려운 청년들의 현실을 다뤘다. 남자 주인공의 밀린 학자금과 넉넉지 않은 가정 형편은, 생계를 위해 뭐든 할 수밖에 없어 연애 본능에조차 바리케이드를 치게 만든다. 이때 최선의 선택이 바로 애매모호한 자유연애주의다. 자유연애주의는 같이 먹고 같이 자고 같이 즐기되 철저히 일정 거리를 둠으로써 책임과 무게로부터 벗어나려는 심리에서 나온다. 연애 이후의 발전을 원천에 차단해 상처받을 일을 알아서 포기한다.

이 시대 한국 청년에게 사랑은 한가롭게 즐길 수 있는 일이 아니다. 대다수에게 연애는 갈 길 바쁜 인생의 거추장스런 부담이자 해본들 완성하기 힘든 일이다. 당연히 결혼은 시야에 없다. 물론 경제적·사회적인 이유가 아닌 개인적인 신념에 의해 비혼을 택하는 청년도 많지만, 때에 따라 졸업하고 취업한 후 결혼하는 경로는 축복받은 일부 그룹의 행사일 뿐이다. 혹은 거추장스러운 부담이어도 안고 가겠다는, 용감무쌍한 경로 이탈자에 한정된다.

지금 청년은 '미혼에서→나이가 들어도 결혼에 대한 희망을 잃지 않다가→결국 결혼을 포기하는' 길이 결혼하는 길보다 더 가깝다. 여자 주인공이 "돈도 펑펑 못 쓰는데, 마음이라도 펑펑 쓰면서 살지"라고 해본들 먹혀들지 않는다. "다른 남자한테 연락이 왔는데 만나도 될까?"에 대한 남자 주인공의 답은 "만나봐"일 뿐이다. 사랑을 쟁취할 현실적인 능력이 부족하니 만나지 말라는 본능적인 반발조차 억누른다. 청년의 본능 거세라는 쓸쓸한 러브 스토리이자 서글픈 현실 보고서일 수밖에 없다.

결혼 포기는 각자 방식의 행복 중 하나

개인적으로 영화 속 남자 주인공의 속내에 동의할 수밖에 없는 건 숱한 임상경험 탓이다. 그동안 내가 가르친 대학생 중 상당수는 결혼을 입에 올리지 않았다. 남자 주인공처럼 냉정한 사회에 내몰려 보지 않은, 아직은 보호받는 학생임에도 스스로가 인생에서 '결혼'이라는 미래를 제거시키곤 한다. 아마도 여기저기서 보고 들은 대로, 결혼 조건을 갖추는 건 꽤 힘들다는 현실적인 조언과 타협한 결과에 가깝다. 그럼에도 한 꺼풀 벗겨 들어가면 아직 청년에게 본능은 살아 있다. 상황만 허락하면 결혼하고 싶어 한다. 묻지 않아도 대부분의 청춘이 연애를 원한다는 걸 알 수 있다. 사귀거나 썸타는 청춘은 많다. 상처받는 게 무서워 연애를 거르는 청춘은 적다. 책임이 두렵지 본능은 가깝다. 사귀면 떠올리게 마련인 결혼이라는 미래가 부담스러울 뿐이다.

정리하면 솔로에서 커플로의 발전 의지는 여전히 높다. 고된 현실의 장벽이 연애의 완성인 결혼을 저해할 뿐, 의지만큼은 큰 변화가 없다. 그래서 사실 더 슬프고 안타깝다. 하고 싶은데 하지 못하는 것만큼 불행한 일도 없어서다.

그래서일까? 지금의 청춘은 영화 〈메이트〉 속 남자 주인공처럼 책임과 비용이 붙는 결혼보다 어정쩡해도 자유로운 연애와 썸을 택했다. 동시에 꼭 결혼만이 인생을 행복하게 하는 필수 관문은 아니라고 스스로에게 세뇌시킨다. 하면 좋겠지만 안 해도 상관없는, 수많은 선택지 중 하나에 불과하다는 공감이 형성된다. 딱히 맘에 드는 상대가 없음에도 외적인 압력에 밀려 결혼을 할 만큼 지금의 청춘은 한가하지도 무능하지도 않아서다. 각자 방식대로 나름의 행복을 찾아나서는 청춘에게 결혼을 요구하거나 강제하는 것이 곤란한 이유다.

요즘 청춘은 똑똑하고 영민하다. 70~80%의 대학 진학률은 전세계에서 독보적인 수치다. 이들이 인류 역사의 전통 경로인 결혼을 생애 주기에서 내려놓기 시작했다는 건 주목할 일이다. 특히 그 이유가 외부에 있다면 더 주목해야 한다. 나름 합리적인 선택일 수 있기 때문이다. 상황이 악화되자 생존을 위한 최적화의 결과로 결혼을 포기했을 가능성이 있다. 결혼의 사회경제학이 설명력을 잃은 셈이다. 청춘 남녀에게 결혼은 '고위험·저효용'에 가깝다. 게다가 갈수록 사회는 저성장과 재정난에 빠지며 상황이 나빠지고 있다. 결혼의 위험성은 날로 커지고, 효용은 줄어만 가고 있다. 좋은 수저를 입에 물고 태어나지 않은 이상 결혼에는 채산성은커녕 성장성까지 없다.

비혼주의에도 공민권을!

똑똑해진 청춘 남녀는 사회가 돌아가는 원리에 민감하게 적응한다. 힘겨워진 결혼에 아등바등하기보다는 나름의 생존 전략을 고안해서 채택한다. 대표적인 게 앞서 말한 본능 거세다. 짝을 찾는 본능을 심리적·체력적으로 내려놓으며 역행하는 행보다. 이는 한국에서도 쉽게 찾아볼 수 있는 트렌드다. 가령 연애와 결혼에 소극적인 초식남(草食男)은 곧 절식남(絶食男)으로 옮겨간다. 이성에게 어필할 매력인 남성 특유의 근육을 포기하고 얌전하고 조용한 여성화를 택하는 경향이 짙어지는 것이다. 한 연구에 따르면 20~44세 미혼 남성 중 결혼에 부정적인 남성이 2015년 36.9%에서 2018년 45.8%로 늘었다.* 연령대별로 미혼 남성의 비율은 25~29세에서 90%, 30~34세에서 56%로 초식남의 원조였던 일본(각각 73%·47%)조차 추월했다.**

반면 미혼 여성은 결혼이 가능한 조건을 갖춘 동년배 이성을 찾기가 힘들어진다. 또 취업과 고용이 전보다 나아져 경제력이 다소 개선되고 남성과의 경쟁도 격화되면서 전통적인 여성화는 거추장스럽거나 불필요해졌다. 눈치 볼 일도 적어졌다. 이성보단 동성이 편하고, 적극적인 외부 활동도 갈수록 선호된다. 요컨대 여성의 남성화 혹은 중성화다.

---

* 한국보건사회연구원(2019), '2018 전국 출산력 및 가족보건·복지 실태조사'. 미혼 남성 1,140명의 실태조사 결과다. 결혼은 반드시 해야 한다(14.1%)와 하는 편이 좋다(36.4%)고 답했고, 해도 좋고 안 해도 좋다(29.2%)와 하지 않는 게 좋다(6.6%)로 나타났다. 그도 그럴 게 실제 미혼율은 갈수록 높아진다. 1995년 기준 25~29세(남 64.4%·여 29.6%), 30~34세(남 19.4%·여 6.7%), 35~39세(남 6.6%·여 3.3%) 등에 불과했던 미혼율이 2015년 각각 90.0%·77.3%, 55.8%·37.5%, 33.0%·19.2%로 급격하게 늘어났다.

** 세계일보, '초식남 이어 절식남, 비혼 선택하는 남성 증가세' (2019.12.29.)

기혼의 반대말은 미혼이지만, 결혼의 반대말은 비혼에 가깝다. 결혼을 포기했다면 평생 비혼이나 다름없다. 비혼주의는 현재 청춘 남녀에게 대안적인 제도로 떠오르고 있다. 아직은 '3040 세대의 미혼이 늦게라도 결혼할 수 있지 않을까?' 하는 기대에 비혼주의자의 증가세를 큰 사회 문제로 인식하고 있지 않지만, 지금 이 흐름은 곧 5060 세대의 평생 비혼으로 넘어갈 수밖에 없다. 즉 평생 비혼이 트렌드로 안착될 날이 머지않았다. 그렇다면 비혼을 선택한 사람들도 결혼처럼 비혼과 관련된 제도와 권리를 갖는 게 맞다. 홀로 살겠다는 사람들에게 어떤 낙인효과도 붙어선 곤란하다. 이 시대 청춘 남녀는 희망을 잃을 수밖에 없는 환경에 놓였다. 그들에게 설명력을 상실한 기존의 결혼 잣대를 들이대며 재단하는 건 강압이자 폭력이다. 이제 얼마든 혼자서도 살 수 있는, 각자 가족 중 하나의 선택지로 비혼을 응원할 필요가 있다.

동거가 어때서
그러시나요?

"〈살아보고 결혼하자〉. 이 연극이 몇 년째 상연을 거듭하는 인기 프로그램으로 성장한 이면에는 제목 즉, 혼외 동거가 가지고 있는 파괴력이 아직도 대중에게 유효하다는 데 있다. 이제 혼외 동거뿐 아니라 혼전 동거와 같은 이슈는 더 이상 언론 매체에서 다루지 않는다. … 몇 년 전만 해도 심각한 사회 문제가 될 만큼 그 찬반 논쟁이 치열했으나, 지금은 대부분의 사람들, 심지어 주요 당사자인 대학생들마저 그러려니 하며 넘기는 구닥다리 이슈로 전락해버렸다."*

연극 〈살아보고 결혼하자〉를 다룬 기사를 일부 발췌한 것이다. 십수 년 전의 기사지만, 그럼에도 동거는 여전히 뜨

---

*   데일리굿뉴스, '살아보고 결혼할까?' (2007.07.18.)

거운 감자인 듯하다. 확실히 동거는 한국 사회에서 공론화가 힘든 이슈다. 동거의 찬성과 반대를 둘러싼 인터넷상의 각종 조사 및 코멘트를 봐도 양쪽 세력 모두 팽팽하다. 실제 방영된 드라마에서 "동거가 왜 나쁘냐"란 딸의 대사를 두고 시청자 게시판이 뜨겁게 달궈졌다고 한다.** 동거가 대놓고 얘기하기 쉽지 않은 키워드란 의미다. 다만 시간은 갈수록 한쪽 편을 들어주는 양상이다. 인식도 여론도 동거를 '찬성'하는 쪽에 무게중심이 쏠린다.

어떤 이유에서일까? 우선 동거 문화에 압도적인 반대표를 던졌던 기성세대가 변하고 있다. 얼마 전 일이다. 버스 뒷좌석에 앉은 60~70대 아주머니들의 대화에서 기성세대의 변화를 실감했다. "어차피 살아보고 결혼하는 게 좋지 않겠어? 딸한테도 그랬다니까. 바로 결혼해서 머리 아픈 일에 시달리기보단 일단 살아본 후 나중에 결혼해도 괜찮다고. 시대가 흉흉하니 알 수 없잖아. 동거가 손해되는 시대도 아니고…." 정확하진 않아도 이런 내용이었다. 이 말을 한 분의 연령대도 놀랍지만 딸에게까지 동거를 권했다는 점에서 놀라움은 더 커진다. 상대방도 긍정의 추임새를 끊임없이 넣으며 찬성했다. 예전엔 드물었던 풍경이다. 시대의 변화가 부모 세대의 동거관을 적잖이 뒤흔든 것으로 보인다.

** 　동아닷컴, '동거가 왜 나빠요? 주말극 대사에 시청자들 갑론을박 (2017.05.08.)

남몰래 동거하는 대학생 커플
이젠 부모까지 인정?

기성세대의 인식도 변하는 마당에 당사자인 청춘 남녀에게 동거는 더 이상 금기어가 아니다. 내가 동거한다고 부모와 지인에게 대놓고 밝히진 못해도, 동거 문화 자체는 엄연한 현실로 공감한다. 미혼 남녀의 동거를 다룬 드라마와 영화도 많다. 동거는 이제 낯설거나 이상하게 여겨지지도 않는다. 젊을수록 당연하고 불가피한 흐름이라는 인식도 상당하다. 동년배에선 동거가 자연스럽단 흐름에 암묵적으로 동의하는 분위기다. 본인은 동거에 동의하지 않아도 지인의 동거 소식에 놀라거나 딴지를 걸지는 않는다. 추천과 권유까진 안 해도 선택에 대해서는 존중해준다. 이 시대 청년이면 대부분 동거를 선택하게 된 배경을 누구보다 잘 알기 때문이다. 그것이 타율적이든 자발적이든 말이다.

대학가는 동거 문화가 다른 곳보다 꽤 일반적이다. 드러내놓고 동거를 운운하지 않을 뿐 실제로는 감춰진 동거 사례가 상당한 걸로 추정된다. 대학 기숙사를 필두로 학교 인근에서 자취를 많이 하기 때문이다. 자취하는 이들 모두 동거할 리는 없으나, 경제적으로 마땅한 거주 공간이 불충분한 탓에 동거할 가능성이 있는 잠재 대상은 많은 편이다. 미혼 남녀가 집단으로 거주하는 대학가에서는 "동거하는 학생 커플이 있다는 소문을 들었다"는 간접 증언이 잦다.

아직 어린 학생인 까닭에 결혼을 전제로 한 동거라기보다는 일상 생활을 공유하며 비용을 아끼고 상대를 탐색해보는 정도에 가깝다. 헤어지는 경우가 많지만, 결혼에 골인하는 장기 연애파도 있다.

분명한 건 미혼 남녀에게 동거라는 선택지의 허들이 과거보다 낮아졌다는 점이다. "결코 해선 안 되는 게 아니라 어쩌면 해볼 수도 있겠다"는 쪽으로 인식이 전환되고 있다. 개인별 동거에 대한 감각과 잣대는 다르지만, 적어도 '불가능의 선택 영역'에서는 내려온 분위기다. 통계도 이를 거든다. 실제 미혼 남녀의 대다수는 동거에 동의한다. 2018년 동거의 찬반 여부를 조사했더니 미혼 남성의 75.1%, 미혼 여성의 71.89%가 동거에 동의하며 상당 수준의 동의율을 얻어냈다. 이는 청춘 남녀 4명 중 3명은 동거를 받아들인다는 의미다.*** 한편 결혼을 전제로 한 동거는 생각보다 적다. 결혼하지 않고 "동거만 해도 괜찮냐"라는 설문조사에서 64%가 "괜찮다"라고 했다. 결혼이 없는 동거가 절반 이상인 셈이다. 결혼과 출산은 '자기희생'이라는 인식이 유독 강한 Z세대 특유의 본인 중심적인 면이

*** 통계청(2019), '2018 한국의 사회지표', p.20. 전체 연령을 대상으로 한 조사 결과 결혼하지 않더라도 같이 살 수 있다는 사실상의 동거 의지는 2018년 56.4%로 2016년 48.0%보다 높아졌다. 당사자성을 갖춘 미혼 남녀보다는 낮다. 한편 결혼은 확실히 선택 카드로 안착됐다. 특이한 것은 남녀 간에 존재하는 체감 차이다. 미혼 남성의 36.3%는 결혼에 찬성한 반면, 미혼 여성은 22.4%에 불과했다. 물론 2010년보다는 모두 결혼 찬성이 급감했다. 2010년엔 미혼 남녀 각각 62.6%·46.8%에 달했었다.

반영된 결과다. Z세대 중 83%는 결혼 자체에 부정적인 평가를 내렸다.[****]

추세는 혼전 동거를 넘어 비혼 동거로 확산된다. 아예 결혼이 사라진 동거 모델의 등장이다. 동거를 한다고 해서 꼭 결혼하는 것은 아니라는 인식은 실제 확산되고 있다. 특히 미혼 여성이 공감하는 경향이 높다. 결혼에 따른 자아 포기보다 자아실현의 욕구가 커진 결과다. 여전히 결혼 압박이 높은 남성과는 구분되는데, 비혼 동거의 장점이 법적 결혼의 단점을 능가할 여지는 여성 쪽에 더 많기 때문이다. 동거를 먼저 해보고 그다음 결혼을 고려하겠다는 인식은, 가부장적인 질서를 거부하고 다양한 모습으로 원하는 삶을 살겠다는 미혼 여성의 강력한 의지가 발현된 것이다. 젊은 세대를 중심으로 명절을 본인의 1차 가족과 따로따로 지내려는 트렌드와도 맥이 닿는다. 이제 여성일수록 동거를 꺼린다는 속설은 수정해야 할 말이 됐다.

[****]   한국일보, '결혼? 출산? 차라리 동거, 자유롭게 살고 싶은 Z세대' (2020.01.03.)

동거한다고 꼭 결혼하는 건 아니다?
부담은 낮고 효율은 높은 新가족상

그렇다면 왜 동거일까? 여전히 공개적으로 밝히기도 힘들고 드러내지 않아야 한다는 이미지가 잔존하는 동거가 왜 미혼 남녀에게 압도적인 지지를 받는 것일까? 여기엔 납득할 만한 사유가 흘러넘친다. 동거하지 않을 이유가 없을 정도다. 동거가 지닌 합리성은 동거의 부작용을 능가한다. 동거를 선택하는 이유에는 다양한 심리적·경제적 배경이 작용한다. 요컨대 ① 내 집 마련, 결혼 비용 등 경제적인 이유 ② 의지하며 함께 지내고 싶어서 ③ 데이트 비용 등 생활비 절약 ④ 상대에 대한 확신 필요 ⑤ 제도에 얽매이기보단 자유롭게 살려고 등이 차례대로 순위에 꼽힌다.***** 이처럼 금전적인 해결부터 심리적인 만족까지 동거를 선호하는 이유는 다양하다. 똑똑해진 이들이 재고 따져서 선택한 대안답게 동거는 가성비가 좋다. 연인들에게는 동거가 결혼보다 투입 대비 산출 효과가 좋다는 의미다.

일부는 동거를 인턴으로 예를 들어 설명한다. 직장에도 정규직 전 단계인 인턴이 있는데, 결혼에도 사전에 판단할 수 있는 동거가 없다는 건 모순이란 얘기다. 결혼에 있어서는 동거가 인턴십이나 다름없다는 인식의 안착이다. 즉, 힘들게 다다른 결혼이 실패할 때

***** 연합뉴스, '수억 원 드는 결혼, 동거는 선택이 아닌 필수였다' (2018.11.11.) 한국보건사회연구원의 2017년 보고서에 따른 결과다. 언급한 순서대로 동거를 택했다는 비율이 높다.

의 충격을 줄이기 위해 그 전에 함께 살아보며 상대를 알아가자는 현실론이 새롭게 등장한 것이다. 이혼이 쉬워졌다지만, 어쨌든 이혼은 동거 이후의 결별보단 후폭풍이 크다. 결혼의 경로를 걸어온 부모 세대도 여기에 동의하며, 동거를 하나의 선택지로 보기 시작했다. 일단 살아보고 훗날을 결정해도 늦지 않다는 본인 경험의 반영인 셈이다. 약간 결이 다르나, 자기중심성도 동거를 찬성하는 배경이다. 결혼에 따르는 무거운 책임과 본능에 충실하며 행복할 권리 사이에서, 동거가 접점 역할을 하기 때문이다. 무책임할 수는 있으나, 불행해질 이유도 없는 노릇이다. 법적제도에 얽매인 희생보다는, 느슨한 커플 형태를 유지하며 동거하는 게 자아를 찾기에도 효율적이다.

시대가 변하면 시대를 대표하는 본보기도 바뀐다. 가족이라는 형태는 영구불변의 고정값이 아니다. 예전엔 맞았어도 지금은 아니다. 동거도 마찬가지다. 동거라면 대놓고 거부하고 반대하던 부모조차 동거를 새로운 가족의 유형으로 보기 시작했을 정도다. 결혼조건이 개선되지 않는 한 동거를 하는 사람들이 확대될 수밖에 없다는 현실도 고려해야 할 대상이다. 즉 동거는 새로운 현상이자 유력한 문화로 인정하고 흡수하는 게 바람직하다. 부담은 적고 효율은 높아 결합과 해체가 손쉬운 신(新)가족으로 손색없다. 비혼주의자가 아니라면 결혼 전 동거는 현존하는 선택지 중 합리성이 꽤 괜찮다. 미혼 청춘에게 사랑의 완성은 결코 결혼만이 아닌 세상이 도래했다.

하지만 이런 세상이 도래했음에도 한국은 아직 동거를 둘러싼 정확한 통계조차 없다. 청춘 남녀는 기성세대가 만든 결혼이라는 제도에 맞서고 있는데 사회 시스템은 묵묵부답이다. 여전히 고리타분한 예전 체계에 멈춰선 채 "요즘 애들은 말이야"라며 시대의 변화에 눈을 감는다. 이제까지 들어본 적이 없는 '출산 파업'이라는 말도 회의 석상을 벗어나면 그걸로 끝이다. 이렇게 내놓은 정책이 효과가 없는 건 당연지사다.

어떤 변화든 공감을 받고 확산된다면 제도권으로 수용하는 게 맞다. 국가가 국민을 관리하고 통제하는 방식으로 안착되었던 국가공인 결혼 제도(법률혼)는, 이제 현실론은커녕 부작용만 키운다. 결혼이 연기(만혼)되고 포기(비혼)되니 출산이 늘어날 리 없다. 동거 중 아이를 낳은들 유령 자녀가 되고 사회적인 보호망도 없다. 이를 모를 청춘들이 아니다. 법적 부부가 아니면 공적 보험은 물론 응급 수술에 동의하는 사인마저 불가능한 사회엔 희망이 없다. 그나마 짝을 만들고자 하는 본능이 살아 있을 때 수용하고 보호하는 게 옳다. 이제 혼인신고라는 제한적이고 뒤떨어진 제도만으로는 청춘도 출산율도 지키기 어렵다. 제도는 시대와 동반할 때 힘을 얻는다.

동거 커플에 대한
법적 차별을 없애고 있는 서구

결혼을 통한 법적 부부와 자녀로 구성된 가족 유형이 장기간
표준으로 기능했던 건 서구나 한국이나 마찬가지다. 특유의 가족
주의적 문화와 복지 구조 탓에 가족 분화의 지체 정도가 좀 달랐을
뿐, 표준적인 가족은 세계 공통의 과거였다. 그런데 지금 서구를 중
심으로 세계는 동거를 시대의 변화에 따른 각자도생의 유력한 대안
으로 인정하기 시작했다. 심지어 동거를 가장 진화한 결혼의 형태
로 보는 시선도 있다. "2030년이면 결혼 제도가 사라지고 90%가 동
거로 바뀔 것"이란 진단(자크 아탈리·1999년)이 대표적이다. 물론 개인
주의적 사고관과 다양성을 존중하는 역사가 깊은 서구와 지금의 한
국 사회를 비교하기엔 무리가 있다. 그럼에도 불구하고, 동거를 인
정하고 제도로 편입하는 것이 글로벌 트렌드란 점은 주목해볼 만하
다. 한국도 결국 거대한 흐름에서 비켜설 수는 없는 노릇이다.

영국은 총리(보리스 존슨)조차 영부인이 아닌 파트너와 산다. 결
혼하지 않았으니 파트너로 불린다. 총리는 법적으로는 현재 이혼
후 배우자 없이 싱글인 상태다. 영부인 호칭과 관련해 논란이 있었
으나, 누구도 총리가 동거를 하는 것에 대해서는 크게 생각하지 않
는 분위기다. 그도 그럴 게 영국은 2018년 전체 가구 중 17.9%인
340만 가구가 동거 중이다. 2008년 270만(15.3%)에서 불어났다. 물

론 영국에서도 결혼이 가족을 구성하는 가장 일반적인 방법이다. 그럼에도 살아가는 방식이 변하면서 동거도 급증했다. 영국은 이를 반영해 동거 커플을 위한 법과 제도적 안전망을 강화했다. 결혼 여부와 상관없이 자녀를 낳고 키우도록 법적 차별을 없앴다. 원래 동성 커플에게 제공된 권리제도^{Civil Parternership}가 지금은 동거 커플에까지 확대되어 적용된다. 결혼하지 않아도 서명만으로 법률상 일반 부부와 동일한 대우를 받는다. 그러다 보디 굳이 고비용에 성가신 결혼을 하지 않고, 결국 결혼율이 줄고 있다.[******] 세대별 양극화가 뚜렷해 빈곤 청년이 많은 건 영국이나 한국이나 똑같아서다.

하물며 자유연애하면 떠오르는 국가인 프랑스는 더하다. 프랑스는 비혼을 정상으로 받아들인다. 법적으로 보호받는 커플은 크게 3가지다. 결혼한 부부, 단순 동거, 팍스 커플이다. 팍스^{PACS}란 시민 연대계약을 뜻하는데, "동거자와의 관계를 법적으로 인정해준다"라는 의미^{Pacte Civil de Solidarite}대로 공동체의 연대를 강화하는 차원에서 제안된 대안 결혼제로 해석된다. 사실상 결혼한 부부와 같은 제도와 혜택이 부여된다. 법적으로 보호받는 커플로 가는 중간 단계가 아닌, 그 자체를 가족 관계로 본다. 팍스 커플은 제도가 시작된 1999년 6,151쌍에서 2014년 7만 3,728쌍으로 급증했다. 반면 결혼

****** 중앙일보, '동거 급증하는 영국, 결혼 안 해도 출산·양육 지원 같아요' (2019.09.30.)

으로 결합된 부부는 동일 기간인 1999년 29만 3,544쌍에서 2014년 24만 1,292쌍으로 줄었다.[*******] 각자의 집을 오가며 생활하는 팍스 커플은 서로의 생활을 존중하는 데에도 보다 우호적인 듯하다. 게다가 팍스 때문만은 아니나, 동거하는 커플에게 법률상 위치를 부여해주는 제도가 출산율을 높인 걸로 평가된다. 실제 동거하는 커플이 낳은 혼외자가 전체 출생아의 60%에 육박한다.

동거를 부정적으로 바라보는 시대는 지나갔다. 동거를 변화된 가족 형태의 유형으로 인정할 필요가 있다. 기성세대가 부부의 장벽을 법으로 굳건히 세워둔 상황에서, 나름의 행복을 찾고자 고민했던 청춘들의 선택을 폄하해선 곤란하다. 소리소문 없이 늘어나는 동거는 현재 꼭 필요한 논쟁이다. 법적혼과 사실혼의 차별은 설명력을 잃는 중이다. 사회경제학 관점에서 볼 때 동거를 제도권으로 편입하는 것이 대세다. 힘들게 내놓았으나 헛발질하는 출산 대책의 반복보다는, 동거를 제도적으로 인정하는 것처럼 작지만 효과적인 변화가 절실하다. 당장 법적 허들을 낮출 수 없다고 해도 새로운 선택을 멀리하고 꺼림칙하게 여겨선 안 된다. 자녀 세대의 선택이 지지받고 존중받을 때 한국 사회의 지속 가능성은 높아지는 법이다.

[*******] https://blog.naver.com/sum-lab/221397016242

꿈과 현실 사이,
중년의 달라질 미래

"인기 비결이요? 글쎄요. 그분들하고 지내는 걸 불편해하지 않고 잘 들어주니 그게 좋아 보였던 것 같아요. 무엇보다 욕망은 있지만 용기가 없는 분들이 카타르시스나 대리만족을 느끼는 것 같습니다. 나도 언젠가 저렇게 될 수 있다는 희망을 느끼는 거죠. 특히 힘든 시기를 겪고 이젠 나도 좀 내려놓고 싶다는 분들이 좋아해요. 그래서인지 중장년층에게 인기가 많죠. 저도 아들의 대학·군대 문제가 풀리면 자연인처럼 살고 싶습니다."[*]

MBN 〈나는 자연인이다〉의 진행자인 윤택의 인터뷰다. 솔직히 프로그램의 인기가 이 정도인 줄은 몰랐다. 나도 즐

---

[*] KBS, 〈오태훈의 시사본부: 윤택 자연인 인기 비결? 쉬고 싶은 마음 때문〉 (2019.03.08.) 및 스포츠투데이, '나는 자연인이다 윤택, 나의 사랑 나의 아내 그리고 아들' (2018.02.13.) 인터뷰 내용을 취사선택해 재구성했다.

겨 보긴 하지만 본방 사수를 할 만큼 광팬은 아닌지라 이리저리 채널을 돌리다 발견하면 시청하는 정도였다. 그런데 이 방송이 어느새 한국인이 가장 좋아하는 프로그램 1위를 차지했단다. **더불어 '경로당 아이돌'이란 별명이 생긴 개그맨 윤택은 프로그램에 힘입어 최고의 전성기란 평가다.

〈나는 자연인이다〉가 해당 방송국의 간판 예능으로 자리매김하면서 덕분에 '자연인'이란 명사가 한국 사회에서 일반화됐다. 아울러 자연과 함께 쉬고 싶은 현대인들의 욕망을 확인시켜주었다. 불편하고 삭막한 현대의 삶 속에서 역설적으로 행복과 힐링을 발굴한 결과다. 각 회차의 주인공은 절대다수가 중고령 자연인이며 프로그램의 주된 시청자 역시 중년 이상의 나이대다. 수요와 공급 모두 중년이라는 게 공통점이 있다. 차이라면 도심으로의 복귀 의사가 없는 자연인(공급)과 이들에게서 자연을 느끼고 꿈꾸는 도심 거주 시청자(수요)란 점이다. 중년 그룹의 공감과 지지를 바탕으로 프로그램의 인기는 계속되고 있다.

**   이코노미톡뉴스, '한국인이 좋아하는 TV프로그램 1위, 나는 자연인이다' (2019.07.21.) 2019년 6월18-20일 성인 남녀 1,005명을 대상으로 한국갤럽이 조사한 결과, '요즘 가장 좋아하는 TV 프로그램'을 물었더니 MBN의 〈나는 자연인이다〉가 1위를 차지했다. 다큐 프로그램이 1위에 선정된 건 처음일 뿐만 아니라 비지상파 작품이라 더더욱 화제였다.

중년의 꿈과 현실, 그 사이

중년이 되면 생각이 많아진다. 인생을 잘 살아왔는지 뒤돌아보게 되고, 앞으로 어떻게 살지 고민스럽다. 뾰족한 수는 없지만 그만큼 중년의 생각은 넓고 깊다.

중년에게 고민의 최대 변수는 역시 가족일 수밖에 없다. 가족을 꾸렸다면 일상생활의 거의 모든 결정이 가족을 기반으로 이루어지고, 미래를 위한 선택들도 가족의 지배에서 벗어날 수 없다. 사실상 가족이 전부인 게 결혼한 한국 중년의 현실이다. 살아가는 데 있어 절대적인 장악력과 설명력을 지닌 존재가 가족이란 건 부인하기 어렵다.

그럼에도 중년은 지금이야말로 자아를 찾을 최후의 기회임을 절감한다. 가족 뒤에 가려진 그간의 삶을 재조명하며 조심스레 의문을 던진다. 이대로 괜찮은지 끊임없이 자문하며 늦기 전에 행복을 위한 자아실현이 필요하지 않을까 고민한다. 〈나는 자연인이다〉가 중년의 마음을 사로잡은 건 자연인의 삶이 자아실현과 맞물려 있고, 중년의 고민에 대한 한 가지 대안으로서 고려된 것이기 때문이다. 가족을 뒤로 한 채 본인 삶만 챙기는 이기적이고 일방적 선택이란 비난에도 불구하고 공감대가 넓은 이유다.

물론 실천은 어렵다. 자연인과 달리 대다수 중년에게 가족은 무엇보다 우선될 수밖에 없는 존재다. 내몰리듯 가족을 등질 수밖에 없는 현실이 와도 막상 가족을 놓기란 쉽지 않다. 하물며 느닷없는 자연인의 삶은 고려조차 할 수 없다. 그러니 대리만족이 최선이다. 동경해도 훗날로 미룰 수밖에 없다. 여기서 훗날이란 가족 부양이 종료되는 기한이다. 가족 부양의 대상이 자녀라면 자녀가 성공적으로 독립한 시점에 자연인으로의 삶을 꿈꿀 수 있겠지만, 이 역시 쉽지 않다. 청년 실업 등 청년에게 가해지는 압박이 부양 시기를 자꾸 연장시켜서다. 자연인의 꿈은 이렇듯 멀어져간다.

그렇다고 자포자기는 아니다. 가족을 위한 중년의 무조건적인 희생은 자녀의 독립이 무난하게 이뤄졌던 윗세대까지만 유효하다. "잘 길러냈으니 내 임무는 끝났다"는 식의 학습된 유교적 설명론은 이제 종료됐고, 희생적 부모관은 옛말이 됐다. 지금의 중년은 자발적이고 적극적으로 고정관념에 맞서 스스로 변화하는 중이다. 베이비부머를 필두로 한 요즘 중년은 학력이 꽤 높고, 고성장과 맞물려 비교적 넉넉한 시절을 보냈으며, 다양한 경험을 한 만큼 가치관과 지향점도 제각각이다. 달라진 중년은 달라진 사고로 달라진 선택에 나선다. 가족보다 본인을 우선한다기보단 적어도 가족이 중요한 만큼 본인도 소중하다고 생각한다.

영리해진 중년의
달라진 선택지

지금 중년은 달라진 새로운 종(種)의 출현이라 봐도 무방하다. 으레 그럴 것이란 편견과 고정관념은 중년의 강력한 저항 속에 확연히 거부된다. 중년의 초입에 해당하는 연령대일수록 새로운 종에 가깝다. 따라서 가뜩이나 별종 취급을 받는 지금의 청년이 중년이 되면 완벽히 달라진 중년의 이미지가 안착될 수밖에 없다. 지금 한국 사회에서 목격되는 중년의 달라진 삶은 그 전초전일 따름이다.

예전의 중년은 앞만 보고 달려왔다. 스스로를 둘러볼 시간은 거의 없었다. 하지만 지금 중년은 좀 다르다. 팍팍한 인생은 비슷하나 그렇다고 미래를 피동적으로 내맡기지는 않는다. 길어진 인생살이를 피부로 느껴서다. 이 때문에 뾰족한 해법은 없어도 윗세대보다는 늙어서 어떻게 살지를 자주, 깊이 고민하는 편이다. 대책 없이 미래를 방치했을 때 다가올 충격은 누구보다 잘 안다. 멀쩡히 잘 살던 사람이 노후 불행에 빠져 허우적거리는 사례를 수두룩하게 목격했고, 잘 키워낸 자녀가 마치 보험처럼 자신의 훗날을 대비해줄 수 있다고 여기지도 않는다. 어떤 식으로든 출구 모색이 시급해졌다.

중년의 낯선 변화는 따라서 자연스럽고 합리적이다. 중년의 달라질 미래는 가시밭길에서 살아남으려는 자구책에 가깝다. 중년까지 가까스로 확보해낸 한정된 자원을 3대 가족에게 두루 배분하자면, 비용 대비 최대 편익을 위한 설계가 불가피해서다. 부모 세대처럼 노후 준비 없이 자녀에게 모든 자원을 투자하는 것은 위험하고 비효율적이다. 부모에 대한 과도한 봉양 희생도 마찬가지다. 가족이 각각 책임과 의무를 나눠 가지는 최적화된 자원 배분 방식이야말로 누구도 책임지지 않는 살벌한 시대를 돌파해낼 적자생존의 대전제다. 도발적인 선택이되 합리적인 결과인 셈이다.

중년의 낯선 변화엔 늘 가족이 똬리를 튼다. 출발지도 결승선도, 가족 모두가 부담은 적게, 행복은 높게 가질 수 있도록 계산한다. 때문에 중년의 달라질 미래를 위한 첫 단계는 가족과의 관계를 정립하는 것에서 시작한다. 과거를 지배했던 희생·부담·맹목적인 가족 관계는 이제 수정해야 할 대상이다. 대신 자립적이고 호혜적인 가족을 지향한다. 길어진 인생을 최초로 체감한 세대답다.

중년은 영리해졌다. 앞으로는 더 그렇다. 미래와 현실의 갭을 줄여줄 새로운 타협 방안을 끊임없이 모색할 수밖에 없다. 윗세대처럼 확정된 불행의 전철을 밟고 싶은 중년은 없다. 그러니 서둘러 가족이라는 병에서 벗어나는 게 상책이다. 가족 탓에 외로울수록, 가족 덕에 살맛날수록 자아를 되찾고 싶은 마음은 거세진다. 시간이 짧음을 체감할수록 중년의 외로운 조바심은 깊어지는 법이다. 가난이 사람을 성숙시키듯 상황은 중년을 강하게 농익힌다.

X세대의 중년화
덩치도, 인식도 달라진 신중년 등장

우리 사회의 뿌리이자 가정의 기둥으로 위치했던 한국 중년이
달라지기 시작했다. 시대의 변화로 중년 그룹을 구성하는 주인공이
바뀐 결과다. 수명과 정년의 연장을 반영하면 중년 연령은 40~69세
의 30년으로 보는 게 현실적이다. 청년(10~39) · 노년(70세 이상)과 함
께 세대별 30년의 구분법이 필요해졌기 때문이다. 실제 법률상 고
령 인구 개시 연령인 65세도 수정 요구가 많다. 예전과 달리 60대의
절대다수가 노년보단 중년에 가까운 신체와 경제력 및 심리 기반을
가진다.

당장 중년 인구는 숫자가 대폭 늘었다. 덩치가 커지면 영향력
도 넓어지는 법이다. 현재 중년 인구(40~69세)는 전체 인구의 44%
에 달한다. 청년(10~39세) 36.4%와 노년(70세 이상) 10.5%를 능가하
는 비중이다(2019년 11월). 청년의 비중이 더 컸던 10여 년 전과 비교
하면 무게의 중심이 확실히 중년으로 넘어왔다. 2008년에는 각각
45.5%(청년), 37.8%(중년), 6.3%(노년)였던 비중이 10년이 지난 후에
는 역전됐다(2008년 11월). 중년 중에서도 10년 전 40대이자 현재에는
50대인 중년이 10년 단위 인구비중 중에서 압도적 1위 그룹을 차지
한다(8,685,694명·16.8%). 그 뒤를 이어 2위는 10년 전에 30대였고 현재
40대인 중년이다(8,381,346명·16.2%). 결국 현재는 4050 세대의 20년

구간이 전체 인구의 33%*** 를 차지하며 중년 파워를 주도한다.

생애 중간 단계인 중년에게는 장기간 알려져 왔던 특유의 표준적인 역할과 행동이 있다. 이러한 중년 특성이 과거부터 현재에 이르기까지 엇비슷하다면, 전체 인구 중 중년의 비중이 높아져도 큰 혼란은 없다. 짐작했던 편차를 크게 벗어나지 않아 얼마든 추정되고 통제 가능하기 때문이다.

하지만 지금의 한국 중년은 달라졌다. 윗세대가 당연하게 걸어온 중년 특유의 생애경로를 거부하고 저항한다. 흔히 생각하는 중년다운 모습을 벗어난 사고 체계와 이상 행동이 4050 세대를 중심으로 확산된다. 특정 연령대라고 변화하지 못할 이유는 없지만, 예전엔 일반적이지 않았던 생각이나 행동을 적극적이고 파격적으로 받아들이는 중년이 많아지고 있다. 이들의 절대다수는 전통적인 가족·가치·인생관과 결별했다. 요컨대 상식을 파괴하는 새로운 한국 중년이 그 몸집을 키우며 주류 관념에 맞서 등장 중이다.

그나마 아직은 소수파의 돌출된 트렌드에 가깝다. 새로운 풍경이지만, 윗세대는커녕 동년배에게까지 완전히 공감을 사긴 어렵다. 일부를 전체로 보려는 일반화의 오류라는 지적도 일리가 있다. 다만 오래가진 않을 듯하다. 새로운 중년들이 만들어내는 현상의 파

***   2019년 11월 기준 행자부 주민등록인구통계

급력과 그 속도가, 점차 일반 사람들의 수용 수준을 뛰어넘을 게 자명해서다. 저항적이고 파격적인 청년그룹이 거대한 물결로 중년 파도에 진입하고 있다. 가치관과 지향점이 꽤 달라진 현대 중년 중 선배그룹은 이제 50대를 넘겼다. 갈수록 그간의 중년관은 수정될 수밖에 없다. 처음이 낯설지 퍼지면 금방이다.

예를 들어보자. 이른바 X세대****의 중년화를 떠올리면 새로운 중년이 등장한다는 가설은 보다 뚜렷해진다. 기성 가치에 맞선 거부와 저항의 키워드로 1990년대 시대 아이콘으로 뜬 X세대(1975~85년생)가 이젠 나이를 먹어 중년이 됐다. 선두주자인 1975년생이 2020년 45세를 맞아 달라진 한국 중년을 이끄는 리드에 섰다. 이후 하나둘 중년으로 접어들면 막내격인 1985년생은 2025년에 중년 초입인 마흔이 된다. 언제나 자신이 20대 청년인 줄 알았던 젊은 이들은 어느새 40세를 훌쩍 넘겨 인생변곡점을 돌고 있다.

X세대의 중년화는 당연하되 낯설다. 중년의 변화를 주도하는 그룹인 X세대는 과거의 중년과는 겉과 속이 모두 달라지기 시작했

**** 명확한 연령 구분은 없다. 다만 1975~85년생을 X세대로 보는 게 일반적이다. 1960년대 후반부터 1970년 초반까지의 출생자를 X세대로 보기도 하지만, 75~85년생은 수능이 시작된 1994년을 전후해 꽤 다른 사회 경험을 겪었다는 점에서 구분된다. 경제·정치를 넘어선 사회 전반의 다양한 변화를 추동한 세대답게 진보성향이 짙은 데다 기성 가치에의 거부·저항심도 비교적 높은 편이다. 한편 1965~74년생을 제2차 베이비부머로 구분하는 방법도 있다. 중앙일보, '내년 베이비부머·X세대·밀레니얼 모두 바뀐다' (2019.11.25.) 이 기사를 비롯해 여러 정의를 요약·정리했다.

다는 점에서 일종의 '신(新)중년'이다. 하물며 X세대를 뒤따르는 밀레니얼세대와 Z세대[*****]는 대놓고 달라진 새로운 별종 그룹이다. 이들은 20~30대 때 자연스레 익힌 감각·욕구·지향을 40대 이후에도 계속해 유지하고 발산할 것이다. 일부는 기성세대를 닮겠지만, 일부는 본인의 가치를 고집할 것이다. 그렇게 중년은 미분화된다. 중년 안에서도 청년 시절의 세대별 특징에 따라 다시 분류될 것이다. 젊은 시절의 백그라운드가 완벽히 사라질 확률은 낮다. 현실과 타협하겠으나 본래의 바탕은 지켜진다.

[*****] 밀레니얼세대는 1985~95년생으로 국민학교 대신 초등학교를 졸업한 첫 세대다. 대학 진학률 정점을 찍은 세대이기도 하다. Z세대는 1995~2005년생으로, 개인의 신념이 강하고 첨단 IT기기에 친숙하며 변화에 적극적인 데다 독립적인 성향이 강한 걸로 알려졌다.

중년 싱글,
그들이 살아가는 법

새로운 변화 1 = "당연히 결혼하고 싶죠. 지금도 기회 될 때마다 소개를
받는데 갈수록 횟수가 줄어 어떨 땐 조바심이 납니다. 이러다 평생 혼자 사
는 거 아닌가 싶죠. 그렇다고 아무하고나 살 수는 없잖아요. 마흔을 넘겼어
도 쫓기듯은 아닙니다. 물론 집에서는 저를 내놓으신 것 같아요. 사실상 포
기죠. 그런데 저는 편합니다. 죄송하긴 하지만, 혼자인 삶도 익숙해지니 좋
더라고요. 먹여 살려야 할 가족이 없다는 건 그만큼 장점일 수도 있다고 봅
니다. 결혼한 친구들 보면 어떨 땐 안돼 보이거든요. 같은 처지의 친구들도
많아 괜찮습니다. 인생, 뭐 있나요?"

새로운 변화 2 = 경기불황에도 수백만 원짜리 장난감 시장은 성업 중이
다. 쯧쯧하고 혀를 찰 사람도 있겠지만, 이들은 사치가 아니라고 말한다.
꿈, 품위, 자존심을 추구하는 이들에겐 합리적인 소비인지 모른다. RC제품

이나 피규어·프라모델 한정판은 시가와 상관없이 판매율이 높다. … 미혼, 비혼, 이혼 등의 이유로 혼자 사는 40~50대 남성이 증가하면서 트렌드에 민감한 유통업계에서는 자신의 삶을 위해 아낌없이 투자하고 가꾸는 이들을 주목한다. … 1인 패키지는 예상판매 목표치의 3배를 넘겼다. 스트레스와 일상에서 탈출하려는 비혼족, 골드미스 등의 고객층이 많다.*

　　'새로운 변화 1'은 30~40대 싱글에게서 한두 번쯤 들어봤음직한 얘기다. 실제로 위 사례는 꽤 친한 1978년생 제자의 푸념 섞인 항변이다. 술자리에서 종종 결혼에 대한 화두가 나오는데, 그때마다 이야기 맥락은 위 코멘트를 벗어나지 않는다. 처음엔 위로했던 것이 나중엔 응원으로 바뀌며 훈훈하게 마무리된다. 나 같은 기성 중년으로선 좀 복잡한 이슈지만 대놓고 맞다 틀리다를 확정할 수 없다. 각자의 인생이되 아쉬움과 부러움이 중첩된다.

　　'새로운 변화 2'는 요즘 중년들의 소비 트렌드다. 윗세대의 중년 시절과는 소비 행태가 꽤 달라졌다. 차이는 중년의 대세 소비층이 예전엔 가장이었고, 지금은 싱글이란 점이다. 즉 부양해야 할 가족의 존재가 있는지 없는지로 엇갈린다. 소비의 수혜도 가족에서

---

* 　아시아경제, '불황 모르는 초고가 매장 두 풍경' (2013.10.07.) 서울경제, '4050 아재들의 일코노미' (2017.06.16.) 쿠키뉴스, '솔로이코노미 호텔 패키지도 바꿔… 혼밥, 혼술, 혼영, 혼텔' (2019.01.18.) 이들 기사 중 일부 내용을 발췌·정리하였다.

개인으로 전환된다. 먹여 살릴 가족이 없으니 벌어들이는 소득은 올곧이 본인 몫으로 귀속된다. 1978년생 제자가 딱 이 모습이다. 원하는 건 맘대로 산다. 취미든 패션이든 교체가 잦고 사시사철 새로운 옷은 당연하다. 지름신이 내려와도 겁내지 않는다. 그래도 남는다니 역시 부럽다. 걱정은 지켜보는 자의 몫이다.

총각 아저씨·처녀 아줌마의 출현
중년 싱글 시대의 개막

비슷한 중년 연배라도 가족의 여부와 그 가족과의 생활거리에 따라 중년은 미분화된다. 이때 눈여겨봐야 할 신중년의 대표주자는 바로 싱글 그룹이다. 예전엔 극소수에 불과했던 '나 홀로' 중년 남녀가 급속히 늘어났다. 30대의 만혼(晩婚)이 40대에 들어서 비혼(非婚)으로 확대된 결과다. 결혼을 포기한 건 아니나, 갈수록 장벽이 높아져 중년 싱글로 남게 된 경우다. 특별한 이유로 생애 독신을 결심한 게 아니라 사회적 상황이 결혼을 지체시킨 셈이다.

즉 중년 싱글이 대량 등장하게 된 배경에는, 확고한 비혼 의지 외에 비자발적이고 불가피한 결과도 적지 않다. 때문에 이렇게 외부 요인에 의해 싱글이 된 중년들은 아직 가족 구성을 완전히 포기하지 않았다. "기회가 되면…"은 유효하다.

한편 꼭 전통적인 결혼을 고집하지도 않는다. 가족은 선택지 중 하나에 불과하다. 실제로도 주변에 혼자 사는 50세 전후의 미혼 싱글이 많다. 낯설지 않은 총각 아저씨와 처녀 아줌마의 존재다. 이들은 가족의 굴레가 없는 만큼 본인에게 충실하다.

가족을 꾸리지 않은 중년의 걸음걸음은 그 자체로 주목된다. 부정적인 시선을 보낼 필요는 없다. 그들에게는 나이가 찼다고 떠밀리듯 가족을 만들지는 않겠다는 강력한 의지가 있어서다. 기회는 열어두되 눈높이를 무작정 낮추진 않는다. 주변이야 답답해도 정작 본인은 태평하다. 어느새 익숙해진 혼자만의 생활을 즐기기까지 한다. 중년이 됐어도 20대 시절 X세대로 불리던 때의 몸과 마음을 기억하며 새로운 중년 생활을 영위한다.

주류까진 아니어도 중년 싱글은 이제 언제 어디서든 쉽게 목격된다. TV에는 벌써 한참 전에 4050 중년 싱글의 일상 관찰 예능이 자리 잡았다. SBS 〈미운 우리 새끼〉, 〈불타는 청춘〉 등은 장기간 방영 중이며 동시간대 최고 인기를 구가한다. 유사 콘셉트까지 생겨나면서 예전 같았다면 감췄을 마흔 중년의 싱글 라이프가 화제다. 중년 싱글을 하나의 인생 모델로 받아들이기 시작했다는 의미다.

하지만 이런 중년도, 소비 현장에서는 소외되어 왔다. 인생 전체에 걸쳐 소득은 가장 높은 구간임에도 불구하고, 중년의 소비 행태가 '가족을 위한 소비'에만 집중되었던 탓이다.

그러나 앞으로는 상황이 달라진다. 전체 인구에서 중년 그룹의 크기가 커지면서 중년은 생산과 소비의 핵심 주체로 올라설 것이다. 힘들긴 해도 은퇴 시점을 연장해 평생 근로하려는 의지와 능력이 심화되면서, 경제의 주체로서 잔존할 여력도 더 커진다. 즉, 본인의 행복을 위한 새로운 소비 항목에 관심을 갖는 것은 물론 그 상황을 유지하고자 더 열심히 일하는 중년은 늘어날 수밖에 없다. 잠재 인구는 충분하다. 실질적인 중년 그룹인 40~70세 인구 집단은 2017년 전체 인구의 43.8%(2,252만 명)에 달하며 1990년 23.9%와 비교해 꽤 불어났다. 1955~75년에 걸친 광의의 베이비부머가 1,700만 명이란 점에서도 중년 공급과 수요는 적어도 20~30년은 걱정이 없다.

만혼·비혼 트렌드를 감안할 때 적지 않은 중년이 평생 싱글로 살아갈 것이다. 중년 싱글의 양적 증가는 한국 사회의 구조를 뒤바꾼다. 불어난 머릿수와 함께 중년 싱글의 존재감이 거세지자, 시장이 그들의 욕구와 지향에 맞춰 재편되고 있는 상황만 봐도 알 수 있다.

중년 싱글은 가족을 이룬 중년과는 확연히 다른 지점에서 소비 결정을 내린다. 가족이 없는 대신 본인을 위한 삶에 적극적이고, 나이 들어도 화려한 싱글을 지향하며, 오래 홀로 살아야 하니 일찌감치 미래 준비에 나선다. 결국 시장은 중년 싱글에 집중할 수밖에 없다. 돈이 많고 쓰기도 잘 쓰며, 오랫동안 소비를 이끌어갈 주역인 까닭이다.

중년 싱글은 곧 본격화될 전망이다. X세대가 40대 중반까지 넘어오기 시작했고, 뒤이어 태생부터 다른 밀레니얼과 Z세대도 중년에 줄선다. 20~30년 후면 한국의 중년 그룹은 모두 이들 차지다 (2035년 전체 인구의 44%). 숫자도 거든다. '생애 미혼(50세까지 결혼하지 않으면 생애 독신으로 규정)'은 2015년 남녀 각각 10.9%(남자), 5.0%(여자)였으나 2030년에는 29.3%(남자), 19.5%(여자)로 치솟을 전망이다.**
이로써 중년 싱글의 새로운 라이프스타일이 거대한 트렌드로 떠오를 날이 머지않았다. 이들은 이제 편향된 시선 속에서 벗어났다. 중년 싱글은 가족주의와 개인 주의를 넘나들며 새로운 길을 모색하는 중이다.

** 조선일보, '2035년 한국, 남자 3명 중 1명은 평생 혼자 산다' (2017.10.20.) 현재 기준으로 보면 여전히 평생 미혼은 일본이 압도적이다. 하지만 2035년에는 일본을 앞지르고 한국이 세계 최대의 미혼 대국이 될 전망이다(2017년·혼인상태인구구성비). 역시 추계치를 벗어난 급속한 생애 미혼화인데, 그만큼 미혼 추세가 상상을 웃돈다는 의미다. 고학력인데 저성장과 맞물려 가족 구성을 연기·포기한 결과로 보인다.

이제 양육은
끝났습니다!

"두 분은 어떤 때라도 늘 애정을 듬뿍 담아 저를 소중하게 키워주셨습니다. 그 끝없는 애정에 마음 속 깊이 고마운 마음을 담아 감사장을 드립니다. 하늘처럼 넓은 마음의 아버지와 태양처럼 따뜻한 어머니에게 태어나 행복했습니다. 행복했던 저를 지금까지 키워주셔서 대단히 감사하며 이에 감사장을 드립니다."

일본에서 언젠가부터 유행하는 '양육 졸업증서'의 감사 문구 중 일부다.* 양육 졸업은 결혼식 때 부모님께 해드리는 이벤트로, 신혼부부 중 상당수가 감사 메시지를 낭독하며 독립 생활을 공식화한다. 인터넷에는 양육 졸업증서의 작성법과 디자인

---

*   https://www.farbemart.com/weddingmart/archives/7323

등이 다수 검색된다. 1차 가족을 떠나 2차 가족을 향해 첫발을 내딛는 결혼식답게 일종의 맺고 끊음을 시사하는 이벤트다. 실질적으로 독립했는지의 여부를 떠나 적어도 가족 구성의 새로운 단계에 진입했음을 서로가 직시하고, 적절한 관계 설정을 시도하자는 취지다.

한국에도 전혀 없는 현상은 아니지만 그렇다고 일반적이지는 않다. 고마움이야 비할 바 없겠으나, 일본처럼 사회 트렌드라 보긴 어렵다. 결혼했다고 1차 가족과 연이 끊어질 리도 없고 이를 바라는 경우도 드물다. 부모와 자녀 모두 같은 마음이라 양육 졸업증서라는 맺고 끊음의 이벤트가 현실과는 맞지 않는다는 얘기다. 졸업할 의지와 능력도 없는데 군이 이런 이벤트를 해서 훗날 괜히 서로가 계면쩍은 장면을 연출할 필요는 없다.

고달픈 부모,
양육 졸업을 선언하다

다 큰 자녀가 부모의 둥지를 벗어나는 시기가 갈수록 늦어지며 양육 졸업이 늦어지는 추세다. 20대는커녕 30대를 넘어 40대가 되어도 여전히 부모의 그늘에 몸과 마음을 의탁하는 자녀가 한둘이 아니다. 결혼해서 나가거나 자취를 하는 분가를 해도 공간의 분리와 무색하게 자녀를 향한 지원은 자발적·비자발적으로 반복된다. 독립은 했지만 자녀의 생활 여건은 여전히 충분치 않다는 게 핵심적인 이유다. 부모로선 그런 자녀가 안쓰럽고, 자녀로선 지원받기를 희망한다. 넉넉하지 않은 상황에도 감히 양육 졸업을 선언하기란 어려워졌다.

자녀를 돌보는 건 부모의 본능이자 의무다. 자신이 가진 능력껏 지원한다면 문제는 없다. 갈등은 능력 범위를 벗어날 때 발생한다. '능력껏'의 한도초과에 따른 부작용이다.

성장을 마친 자녀에게는 관습적으로 독립해야 할 특정 시점이란 게 존재해왔다. 무한 지원이 현실적이지 않을뿐더러 바람직하지도 않아서다. 은퇴 이후 부모의 소득이 단절되는 것도 자녀의 지원에는 일정 기간이 있다는 데 설득력을 높인다. 평범한 부모라면 언젠가는 은퇴할 수밖에 없다. 은퇴는 곧 실업인지라 지원하고파도 할 수 없다. 지원 중단은 그래서 당연지사다.

자녀에 대한 지원이 길어지면 부모의 생활은 고달파진다. 최대한 자녀의 독립 시점을 앞당기는 게 서로에게 효율적이다. 부모에겐 자녀만큼이나 중대한 미션이 있기 때문이다. 바로 노후 준비다. 노년 부모라면 시급히 해결해야 할 과제다. 그러나 확보해둔 금전 자원은 제한적이다. 한정된 자원을 영리하게 운영해도 노년 빈곤을 피하기 어려운데 자녀 지원마저 계속되면 상황은 한층 꼬인다. 그럼에도 한국 사회의 현실은 대놓고 위기 경로를 따르도록 방치한다. 팍팍해진 현실 속에서 자녀의 독립은 올곧이 부모의 등골을 파

각자도생
사회
─────
140

먹는 형태로 유도된다. 각자 알아서 살아가라는 대단히 시장 원리적인 게임 법칙이 자녀의 독립에도 적용되어야 할 때다.

부모로선 심각한 딜레마에 빠진다. 제 몸보다 더 소중한 자녀를 생각하면 결국 자신의 노후 준비는 후순위로 밀린다. 한국만의 독특한 자녀 장기 지원 현상에 외신이 놀랄 정도다. 서구라면 양육에서 종료된 자녀 숙제가 한국에선 '양육→지원→부양'으로 확대되는 식이다. 키워준 것도 모자라(양육) 취업·결혼·주택 비용을 대주고(지원) 나중엔 생활비까지 보태주는(부양), 자녀 지원의 한국적 만기 연장이다.

하지만 이 같은 무한 지원이 계속되기란 어렵다. 부모와 자녀 모두에게 계속적인 지원은 좋지 않은 신호로 해석되기 시작했다. 한정된 자원을 자녀 지원과 본인의 노후 준비에 전략적으로 배분하는 노년도 등장했다. 양자택일까진 아니더라도 비중 조정에 나서야 한다는 인식이 노년 사이에서 공유되기 시작한 셈이다. 이들은 자녀 지원의 끝이 어딘지 답 없이 묻기보다 스스로 타이밍을 골라 '양육 종료'를 선포한다. 집안마다 사정은 다르지만, 적어도 성인 이후의 무조건적인 자녀 지원은 거부한다.

의지는 있으나 능력은 부족한
자녀 세대의 효도관

이런 흐름은 보다 가속화될 전망이다. 고성장기, 고학력의 개인 주의 가치관에 익숙한 이들이 늙어가기 시작해서다. 2020년 65세에 진입하며 본격적인 고령 인구로 계산되기 시작한 베이비부머(1955~63년생)의 인식 변화가 촉발점이다. 이들은 노년 준비는 내팽개친 채 자녀 지원에 올인하다가 노후에는 절대 빈곤에 놓인 윗세대를 관찰해왔다. 그리고 이를 바탕으로 전략 수정에 나섰다. '능력껏'을 전제로 본인도 살고 자녀도 사는 자원 배분을 모색한다. 때때로 자녀 지원보다 본인 노후에 방점을 찍는 변신에도 적극적이다. 자녀가 부모 노후를 위한 보험이 되던 시절이 끝났음을 누구보다 잘 알아서다.

자녀에게 자원을 올인하는 시대는 지났다. 효도 계약서란 말처럼 효도와 부모 봉양을 당연시하는 인식은 갈수록 줄어든다. 효도를 법으로 강제하자는 '불효자 방지법'이란 듣도 보도 못한 논의까지 제기된다. 자녀가 책임지고 부모를 부양해야 한다는 응답은 1998년 90%에서 2014년 31%로 급락했을 정도다.[**] 반면 부모가 스스로 자신들의 노후를 책임지는 게 옳다는 비율은 1998년 8.1%에

** 산경신문, '불효자방지법 제정 두고 찬반양론' (2016.10.04.)

서 2016년 18.6%로 늘었다(통계청·국회입법조사처)[***]. 물론 효도에 대한 의지는 어떤 설문조사를 봐도 월등히 높다. 애초부터 불효자는 없다. 문제는 부양을 책임지기 힘든 환경이다. 노력은 하나 실현은 어려울 수밖에 없다.

그렇다면 양육 졸업을 둘러싼 세대별 인식은 어떨까? 한국보건사회연구원의 조사에 따르면, 부모 연령대가 낮을수록 더 빠른 시기에 자녀 양육에서 손을 떼겠다는 인식이 높은 것으로 나타났다.[****] 응답자들은 '자녀 양육을 언제까지 책임져야 하느냐'는 질문에 대학 졸업(62.4%), 취업(17.2%), 고교 졸업(10.4%), 혼인(8.8%) 등의 순서로 답했다. 다만 연령별로는 인식의 괴리가 상당했다. 아직은 자녀에 속하는 20대일수록 최소한의 지원기를 꼽는 반면, 중년 이상은 취업·결혼을 지원을 단절해야 할 시점으로 꼽은 것이다. 즉 고교 졸업까지만 지원하겠다는 응답의 경우, 25세 미만은 28.8%인데 비해 45~49세는 5.5%에 그친다. 젊을수록 양육기간을 짧게 생각한다는 얘기다. 이들이 부모가 되면 키워준 걸로 역할은 끝이란 생각이 보편적일 수도 있다. 인식은 이렇듯 시대 변화를 반영해 최적화되기 마련이다.

[***]   https://www.lifentalk.com/2066?category=525993

[****]   한국보건사회연구원, '2015년 전국 출산력 및 가족보건·복지실태조사', 및 노컷뉴스, '자녀 양육 몇 살까지 책임지면 될까요?' (2016.07.10.)

자녀와의 현명한 거리 두기
가족 분화는 모두의 생존을 위한 지름길

엄중해진 시대 상황은 부모도 자녀도 변하기를 요구한다. 본능조차 왕왕 현실 앞에 무릎을 꿇는다. 따라서 베이비부머의 선두세대를 필두로 달라진 자녀관을 실천하는 새로운 노년 부모의 등장은 자연스럽다. 이들은 결혼을 해도 자기 부모는 각자 챙기기를 선호하는 자녀들의 현실을 잘 알기에 스스로 짐이 되기를 거부한다. 투자한 만큼 효도로 돌려받겠다는 채권의식은 없다. 슬하에서 커가며 예쁜 재롱을 펼쳐준 걸로 자녀된 도리는 했다고 받아들인다. 적어도 자녀 양육을 평생에 걸친 비즈니스로 보지는 않는다. 대신 자녀와의 거리 두기로 나름의 대안을 세운다. 돈이 효자요 건강이 효녀라는 인식하에, 더 줘도 덜 받거나 혹은 주지도 받지도 않겠다는 다분히 중립적인 생애전략을 실천하려 열심이다.

양육 졸업의 선언은 누이 좋고 매부 좋은 전략이다. 언뜻 자녀로선 지원 중단이 섭섭할 수 있지만, 언젠가 닥칠 일인 데다 자립 능력을 키우기 위해서도 바람직하다. 둥지 이탈이 원만하지 않으면 결국 손해를 보는 것은 자녀다. 부모라는 직책에는 은퇴가 없다지만, 그렇다고 부모를 무한 연금으로 여기면 곤란하다. 부모 그늘에 있을 때가 가장 여유롭겠으나, 언제까지 손 벌릴 수는 없는 노릇이다. 의존적인 자녀일수록 목표는 없다. 1인분의 당연한 인생조차 거부하고 고립을 자초하는 인생이 될 뿐이다.

　부모의 과도한 지원은 자녀를 독립적이지 못하고 의존적인 사람으로 만든다. 그리고 패륜적인 가정사는 보통 의존적인 자녀로부터 자주 발생한다. 모든 걸 부모가 다 해주니 배울 기회도, 익힐 경험도 원천적으로 봉쇄된 탓이다. 값비싼 사교육은 물론 신혼집마련에 생활비까지 당연시하는 자녀도 어렵지 않게 목격된다. 이렇게 뒤봐준 자녀가 넉넉히 살다가 노후에 도움을 주면 다행이지만, 아쉽게도 그러지 못하는 경우가 대부분이다. 화려한 고스펙에도 결혼은커녕 취업조차 어렵지 않은 시대 아닌가. 결국 능력껏을 벗어나 자녀를 지원했던 부모의 가랑이는 찢어진다. 늙어 빚쟁이에 시달리는 삶은 생각보다 많다.

　때가 되면 둥지를 떠나는 건 동물의 본능이다. 따라서 가족 분리는 필연이다. 이런 점에서 양육 졸업을 선언하는 새로운 부모의 출현은, 본능은 물론 시대 변화에 순응하는 합리적인 선택지다. 비정상의 한국적 가족형태를 수정하려는 혁신적인 발걸음이다. 언뜻 냉정하게 보여도 훗날 자녀와의 갈등을 막으려는 용감한 행동이다. 본인을 희생하고서라도 자녀를 챙기는 일을 재구성함으로써 성공적인 가족 분화를 시도한다. 효도와 양육이 교환되는 시대는 지나갔다. 효도를 강제하지 않듯 무리해서 양육하지 않는다. 부모에게 효도하는 최후 세대이자 자녀에게 바라지 않는 최초 세대의 결정에 주목하는 건 당연하다.

　가족치료학에선 분화이론Differentiation Theory이란 게 있다. 분화되지 않은 가족은 그 자체가 자아덩어리라는 것이다. 많은 선행연구는 가족분리가 원만할수록 상호행복도가 높아진다는 걸 증명한다. 머레이 보웬(Murray Bowen)은 개인이 성장을 통해 자아덩어리인 가족으로부터 분화할 때 가족 구성원 전체가 건강해진다고 봤다.***** 분화란, 가족이라는 감정체계로부터 벗어나 목표지향적 활동이 가능할 때 건강해진다는 걸 뜻한다. 가족 분화가 막히면 개별성은 더뎌지고 연합성은 한층 강화된다. 반대로 가족 분화가 원만하면 가족 생활의 강렬한 흡수 압력에서 벗어나 자신을 유지하는 건강한 능력을 갖추게 된다. 즉 분화적 삶의 실현으로 건강한 자아존중감Self-Esteem도 확보된다. 서로에 대한 결핍도 문제지만, 지나친 의존도 자립을 방해한다. 달라진 노년 부모의 새로운 양육 졸업을 응원해야 하는 이유다.

***** 1974년 《Toward the Differentiation of Self in One's Family of Origen》이란 책에서 가족 분화의 정당성을 강조했다. 이때 감정반사라는 개념을 도입하는데, 감정반사는 가족을 더욱 관계 속에 끌어들인다. 분화가 더딜수록 감정반사가 세지고 지적 판단은 줄어든다. 분화 지수가 높을수록 지적 체계를 통해 감정반사를 줄이고 스스로의 목표 달성을 위해 노력하는 것이다. 반면 분화되지 않을수록 만성증상이 심화되고, 극단엔 정신분열증까지 초래한다고 본다.

각자도생
사회
146

새로운 인연에
늦은 때란 없다

"인생의 황금기는 60~75세입니다. 노력하니 75세까지는 계속 성장하더군요. 늙은 젊은이보단 젊은 늙은이가 많아야 세상이 건강해집니다. 행복한 노년을 위해 꼭 필요한 것 중 세 가지를 뽑는다면 일, 여행, 그리고 연애입니다. … 한 10년 동안 혼자 있으니까 인간으로서 남성으로서 너무 힘들고 외롭다는 생각을 자주 해요. 제자도 혼자가 된 경우가 많은데 만나면 빨리 재혼이라도 해서 행복해져야 하는데 하고 생각할 때가 있습니다. 그런 생각을 하니까 나 혼자 연애라도 하고 여자친구라도 생기고 그랬으면 좋겠다 싶습니다."*

---

* 　중앙일보, '100세 현역 김형석 내가 철이 없어서 그런지 늙는다는 생각이 잘 안 든다' (2019.11.21.)
　　 및 SBS, '97세 김형석 교수의 행복의 조건' (2016.06.17.) 두 기사의 내용을 적절하게 재구성한 것임
　　 을 밝힌다.

100세 철학자로 유명한 김형석 명예교수의 말이다. 그중 노년 인생에서 꼭 필요한 3대 행복요소 중 하나로 연애를 꼽은 대목이 인상적이다. 100년을 살았기에 누구보다 많이 경험했고, 인생 원리를 탐구하는 철학까지 섭렵한 노학자가 연애를 추천하니 사뭇 눈길이 간다. 웃어넘기기엔 왠지 설득력있다. 평균수명이 80세를 넘긴 지 오래인 데다 건강한 100세 살이마저 현실이 된 고령 사회에 걸맞는 조언이다. 일과 여행만큼 중요한 노년 화두가 연애라면 새로운 시대 의제로 공론화될 날도 머지않았다.

노년이라고 행복을 양보할 수는 없다. 되레 노년이기에 열심히 살아온 대가로 행복을 움켜쥐는 게 옳다. 가족이나 사회를 위한 희생도 이쯤이면 충분하다. 은퇴 후 노동은 끝났어도 삶은 계속되듯, 행복한 인생은 현재진행형이다. 어쩌면 노년부터가 진짜 인생일 수 있다.

노년과 관련된 부정적이고 수동적인 이미지는 철 지난 프레임이 됐다. 시대에 맞는 수정과 재구성이 절실하다. 주변 사례들도 이를 뒷받침한다. '인생은 환갑부터'라는 말에 동의할 수밖에 없는 새로운 노년 라이프가 수두룩하다. 건강만 하면 환갑 이후가 제일 행복하다고 역설하는 노년 세대가 많다. 욕망의 부질없음을 알고 눈치의 쓸모없음을 체감했기에 인생 참 가치에 집중한다. 요즘 노년은 진짜 나를 위한 삶을 살고자 저벅저벅 새로운 길을 열어젖힌다.

더 이상의 희생은 사양,
행복 찾아 떠나는 황혼의 로맨스

적극적인 노년 연애가 늘어났다. 상당한 수준의 공감과 지지를
바탕으로 예전과 달리 음지에선 꽤 벗어난 분위기다. 고령 사회답
게 황혼 로맨스는 한창이다. 덜 알려졌고 숨겨졌을 뿐 새로운 인연
을 모색하고 가족을 결성하려는 노년은 생각보다 많다. 멀리 갈 필
요도 없다. 시대의 이슈를 반영하기 마련인 드라마·연극·영화 등
에서 황혼 로맨스가 메인소재인 작품이 늘고 있다는 것만 봐도 알
수 있다. 서구에서나 그럴싸했던 영화 〈이보다 더 좋을 수는 없다〉
가 한국에서는 영화 〈장수상회〉나 TV 드라마 〈같이 살래요〉, 〈두
번은 없다〉 등의 콘텐츠로 이어진다. 일일이 거론하기 힘들 만큼 황
혼 로맨스를 다룬 콘텐츠는 폭넓고 다양해졌다. 불과 10년 전만 해
도 금기시되던 노년 연애를 바라보는 시선도 따뜻함을 더해가는 중
이다.

이유야 명확하다. 가족을 위한 희생에서 '자기 찾기'로 노년 그
룹의 가치관과 인생관이 달라진 탓이다. 불륜이 아닌 한 연애는 정
상이란 인식이 확산된다. 나이를 둘러싼 물리적 고정관념도 파기된
다. 놀라운 속도로 변하는 한국적 특수성을 반영하면 평균수명은
2~3년에 1세씩 상향된다. 70세 이후 10여 년의 유병 노후가 걱정되
긴 해도 의료 기술의 발전으로 '젊은 늙은이'는 늘어난다.

건강해진 노년 세대에게 연애는 장수사회를 버틸 꽤 괜찮은 카드다. 연애는 고령기 특유의 부정적인 성질, 예를 들면 고립·질환·빈곤 등을 경감시키는 탈출구로 여겨진다. 심리적으로나 경제적으로나 연애는 도움이 된다. 환갑 이후 30여 년의 긴 시간을 나 홀로 외롭고 슬프게 살 수는 없는 노릇이다.

황혼 로맨스의 당사자들은 사회통념의 완벽한 수정을 요구한다. 늙은 연애는 주책이 아닌, 권유해도 모자른 대안이라고 말이다. 판을 깔아주지 못한다면 적어도 막아서진 말아달라는 쪽이다. 퀘퀘한 노인네로 가족의 짐짝이 되기보단 적극적인 생활주체로 인생을 즐기는 편이 훨씬 좋아서다. 본인은 물론 가족에도 사회에도 긍정적이 영향을 미칠 확률이 높다. 혼자보다는 함께가 여러모로 우호적인 법이다.

어차피 늙는다는 건 언젠가 싱글 인생으로 귀결됨을 뜻한다. 이혼이든 사별이든 먼저 가지 않으면 누구나 혼자가 된다. 고립된 삶에 대한 공포는 당해보지 않으면 모른다. 그렇다면 황혼의 로맨스는 자연스런 현상이자 자구적인 선택지로 지지되는 게 상식에 가깝다.

어차피 늙으면 싱글 인생
'젊은 늙은이'의 강력한 커플 의욕

황혼의 새로운 인연 찾기는 일상적이다. 집 안에 은둔하며 뒷방 퇴물을 자처하는 고령 인구는 의외로 적다. 노환으로 침대 신세를 지지 않는 한, 집 밖에서 활동하기를 희망하고 실천한다. 마땅히 갈 곳이 없는 데다 소일거리가 없어 문제지 이들의 활동지향성은 높다. 베이비부머가 65세에 진입하면서 새롭게 등장한 요즘 어른은 신체적으로나 경제적으로나 윗세대보다 조금 더 탄탄하다. 특히 노년이 되어서도 중년 때의 생활감각과 사고 체계를 유지하며 생활한다. 앞으로 커질 거대 집단의 요즘 어른은 황혼 로맨스를 더더욱 손쉽게 수용할 여지가 충분하다. 벌써부터 노년 세대의 커플 의욕을 유력한 사업 모델로 보고 선점에 나선 발빠른 시장대응도 늘어나는 추세다.

황혼 로맨스라고 다르진 않다. 풋풋한 청춘시절 러브 스토리와 비슷비슷하다. 마지막 가족이 될지도 모를 새로운 인연을 찾는 데 필요한 건 설렘과 감동, 이해와 배려 정도면 충분하다. 여기에 약간의 경제력이 뒷받침되면 금상첨화다. 더욱이 대부분은 짝을 이루었던 임상경험까지 있다. 관록의 힘은 시행착오를 줄이고 기대효과를 높이는 방향으로 작용할 수밖에 없다. 가령 복지관은 인연 경쟁이 가장 치열한 현장 중 하나다. 더 늙기 전에 행복을 찾으려는 황혼 인구의 짝 찾기는 치열하고 강력하다. 캠퍼스 커플을 CC로 부르듯 복지관 커플인 BC가 되고자 경쟁적이다. 넘치는 매너로 말쑥하게 상대를 찾아나선 눈빛은 청춘 때와 똑같다.

그럼에도 인연의 실현 방식은 좀 다르다. 시대가 달라져 공개 연애를 하기도 하지만, 아직까지 대세는 숨기고 감추는 비밀주의다. 황혼 연애 끝에 가족을 구성하는 게 쉽지 않아서다. 황혼 커플이 황혼 부부로 승격되자면 넘어야 할 산이 많고 높아서다. 먼저 자녀라는 큰 장벽을 돌파해야 한다. 재산과 무관하게 양쪽의 기존 가족과 새로운 관계도 설정해야 한다. 시대 변화에 부응하는 개방적인 황혼 로맨스라지만, 공민권을 받기엔 시기상조인 셈이다. 때문에 절충안이 시도된다. 법률적인 가족 구성 대신 실질적인 가족 기능을 모색하고자 한다. 일종의 조건부 연애 실험이다. 사귀어도 따로 살거나, 이집 저집을 오가는 반동거가 대표적이다.[**] 살림을 합쳐도 법적으론 남남이다. 이쯤 되면 자녀들의 반발은 수그러진다. 법적 부부는 물론도 커플로서의 효용은 인정할 수밖에 없다. 기존의 상속 순위나 가족 관계까진 침범하지 않기 때문이다. 따라서 남편, 아내가 아닌 남자, 여자로 황혼 로맨스를 즐기는 타협안이 설득력을 얻는다.

[**] 경향신문, '쉿, 아들에겐 비밀이에요… 황혼 연애를 한다는 것' (2019.07.13.)

더 늙기 전에 헤어집시다
황혼 연애만큼 황혼 이혼도

통계는 황혼 인연이 현재 뚜렷한 사회현상임을 뒷받침한다. 2000~2017년 사이, 65세 이상의 재혼 건수는 남녀 모두 증가했다. 2017년 남성 2,684건, 여성 1,202건으로 2000년보다 각각 2배, 6배 늘었다(2018 고령자통계). 동일 기간 전체 연령대의 재혼 건수가 줄어든 것과는 대조적이다. 아직 대세인 왕래 연애·반동거 등 혼인신고 없이 커플을 유지하는 경우까지 합하면 실질적인 숫자는 늘어날 수밖에 없다. 연령을 낮춰 환갑 이상만 보면 황혼 결혼은 더 늘어난다. 2018년 60세 이상 결혼 건수는 사상 최대치로 집계됐다. 남녀 각각 6,126명, 3,604명으로 1990년과 비교하면 3.9배, 9.1배나 증가했다 (연령별혼인조사·2019).*** 갈수록 증가 속도가 거세지는 것도 특징이다. 2020년부터 고령 인구가 폭증한다는 점에서 황혼 인연은 유력한 사업 모델로 부각된다. 결혼정보업체에 따르면 예전엔 50대 중반조차 매칭이 어려웠는데, 최근엔 60대 중반까지는 무난하다고 한다. 동호회부터 콜라텍 등 주변 산업도 성황이다.

한편에선 인연 단절도 증가세다. 자발적인 싱글 노년으로 변신하려는 시도다. 요컨대 '황혼 이혼'이 그렇다. 역시 새로운 가족

***   중앙일보, '황혼 로맨스가 뜨겁다… 60세 이상 결혼 매년 최대 경신' (2019.03.23.) 통계청의 '2018년 혼인 부부의 연령별 혼인' 조사 결과다.

구성과 관련된 강력한 트렌드 중 하나다. 자녀 양육이 얼추 끝난 50~60대는 물론 70대의 황혼 이혼도 흔해졌다. 70세 이후의 이혼 건수는 남성의 경우 2000년 570명에서 2018년 3,777명으로 6.6배나 늘었다(통계청·인구동향).**** 가정불화, 외도, 가정학대, 경제 문제 등 이유는 일반적이다. 과거엔 살날이 얼마 남지 않았고, 자녀와 손주를 봐서도 참고 버티는 이들이 대다수였다. 그러나 지금은 수명이 늘고 재산·연금 분할까지 가능해져서인지 많이 달라졌다.

황혼기의 인연 단절은 그럼에도 대단한 용기와 결심을 요한다. 익숙한 삶과의 결별이라 만만치 않은 선택이다. 그래서 등장한 절충안이 있는데, 이른바 '졸혼(卒婚)'이란 개념이다. 최근 관련 도서*****가 출간돼 이목을 끈 가운데 유명인의 잇따른 졸혼 선언이 계기가 됐다. 혼인 관계를 깨지는 않고 서로의 삶에 간섭하지 않는 생활 스타일이다. 재산이나 자녀 문제에서 비켜설 수도 있다. 다만 말이 좋아 졸혼이지 사실상 이혼에 가깝다는 게 정설이다. '따로 또 같이'의 가족 기능을 유지한다지만, 적어도 상대를 지지하고 응원하는 졸혼은 생각보다 적다. 이혼 전 단계인 별거와 마찬가지로 새로운 출발마저 왕왕 가로막는다. 아름다운 행복 모델일 수만은 없는

**** 　조선일보, '황혼 이혼 6.6배 늘고 황혼 결혼 3.3배 늘었다' (2019.06.05.) 통계청의 2018년 '인구동향 자료'의 분석 결과다.

***** 　스기야마 유미코 저, 장은주 역(2017),《낡은 결혼을 졸업할 시간 - 졸혼시대》, 더퀘스트

셈이다. 그럼에도 졸혼은 새로운 라이프스타일로 안착하는 분위기다. 적어도 스스로의 삶을 찾아 낡은 틀을 깨고 새롭게 시작하는 대안적 삶으로는 받아들여질 필요가 있다.

해외의 각자도생 공존법 황혼 인연이 만들어낸 일본 풍경[******]

일본에선 '후처업(後妻業)'이란 말이 유행이다. 고령자의 유산을 노린 범죄를 테마로 한 동명의 소설이 2014년 발표됐는데 지금까지 인구에 회자되며 반향을 유지한다. 주목을 끈 이유는 소설 내용이 실제 사건과 꽤 맞아떨어져서다. 저자 구로카와 히로유키(黒川博行)의 지명도도 한몫했다. 저자는 일본에서 가장 권위 있는 문학상인 나오키상을 받은 유명인사다. 공교롭게 65세 때 수상해 "연금과 나오키상을 함께 받았다"는 소감으로 화제를 모았다. 그래서일까. 수상 1년 후 내놓은 신작《후처업》은 저자가 동년배인 노년들의 고민 이슈를 줄거리로 잡았다. 동병상련인 듯 최근 급증한 노인 대상의 각종 범죄가 소설의 재료로 사용됐다.

줄거리는 이렇다. 결혼상담소에서 만난 22세 연하와 결혼한 91세 주인공이 뇌경색으로 쓰러져 결국 병원에서 죽었다. 놀라운 건 그 뒤부터. 재혼한 아내와 결혼상담소 소장의 은밀한 계획이 드러난다. 서로 결탁해 자산가 노인의 후처로 들어가 사망 후 유산을 상속받는 은밀한 사업을 공모한 것이

[******] 전영수, 한경비즈니스, '돈 노리는 후처… 황혼 결혼의 그림자' (2015.07.27.) 필자가 기고한 기사의 내용을 취합·재구성했음을 밝힌다.

다. 이른바 '후처업'이다. 딸은 내용을 알고 변호사를 찾는다. 변호사는 다시 탐정을 고용해 후처 아내의 괴물 같은 인생을 찾아낸다. 괴물로 살아갈 수밖에 없는 현대 일본의 어두운 면을 속속들이 드러내는 것도 소설의 중요한 외침 중 하나다.

후처업까진 아니나 황혼의 인연 맺기는 흔하다. 황혼기 소개 모임이 성황이다. 남성 참가자 대부분은 제1차 베이비부머 세대다. 1947~49년생으로 6070 세대를 구성하는 거대한 인구집단이다. 이들은 스스로 몸과 마음 모두 훨씬 젊다 여긴다. 결혼상담소에 따르면 환갑 초반의 독신 남성 중 60%가 스스로를 실제 연령보다 젊다고 느꼈다. 사별·이혼 등으로 싱글이 되 무자녀인 경우, 황혼 인연을 모색하는 데 적극적이다. 혼인 이력이 없는 남성도 적잖다. 일에 매진하다 뒤늦게 가족의 필요성을 깨달은 전문직은 인기가 높다. 평생에 걸쳐 근로 소득을 확보해두었다는 장점이 있어서.

십중팔구 구애 대상은 연하 여성이다. 10~20세 차이가 나는 경우를 선호한다. 해당 후보군 여성들의 인식도 많이 변했다. 노인이라는 편견을 깨고 연상 결혼의 장점을 받아들인다. 포용력이 넓고 경제력마저 좋다면 나쁠 게 없다. 황혼 연애·고령 결혼을 둘러싼 상식파괴다. 전통적인 가족상이 깨지는 과도기란 점도 우호적이다. 고정관념 속 불안의 장벽이 낮아진 셈이다. 다만 아직은 성공적인 만남 사례가 적다. 특히 금전을 둘러싼 갈등이 잦은데, 그중에는 고령의 독신 남성을 노린 혼인빙자 재산 사기가 많은 편이다. 즉 생활고로 궁핍한 이들 중에는 상대적으로 여성이 많다는 소리다. 독신 여성 대부분은 남성보다 빈곤 비율이 확연히 높다.

인생 100세 시대의
새로운 노년 방정식

"몰타라고 알아? 요즘 이 나라가 아주 핫하대. 일본에선 꽤 지명도가 높다네. 이탈리아 끝에 붙은 아주 작은 국가인데, 찾아가는 유학 인구가 그렇게 많대. 대부분 은퇴한 시니어라는 게 꽤 독특하지? 온화한 지중해 기온에 번잡하지 않아 짧게는 한 달, 길게는 1년씩 살며 은퇴 생활을 즐기는 일본 사람이 많다고 해. 역시 저렴한 비용이 가장 매력적이지. 일본이나 몰타나 생활비 차이가 적은 데다 즐길거리, 볼거리까지 새로우니 좋아할 수밖에. 우리도 나중에 은퇴하면 한번 가볼까?"

최근 아내가 불쑥 던진 말이다. 나이가 나이인지라 은퇴 이후의 인생을 깊이 고민하던 찰나여서 꽤 선명히 기억된다. 은퇴라니, 한 귀로 듣고 흘릴 일도 아니라 몰타 유학을 찾아봤다. 확실히 일본이나 서구 국가에선 성황이다. '몰타(マルタ)+유학(留

學)+시니어(シニア)'로 구글링하니 업체 광고부터 각종 체험담, 뉴스 기사까지 11만 3,000개의 다양한 콘텐츠가 걸려든다.[*] 베이비부머의 은퇴가 본격화되면서 새로운 노년 라이프로 해외 유학을 택하는 사람들이 늘어나기 시작한 건 어제오늘 일은 아니다. 예전부터 장기형 해외 거주는 노년 라이프를 즐길 방법 중 하나였다.

다만 몰타 유학[**]처럼 갈수록 수급은 확충되는 분위기다. 노년 세대의 새로운 인생 모델 중 하나로 해외 체제가 자리 잡은 결과다. 해외 거주가 예전엔 일부 그룹의 한정된 수요였다면 지금은 노년층의 상당수가 해외 거주를 꿈꾼다. 몰타처럼 노년기를 즐길 조건을 두루 갖춘 선택지가 등장, 인생의 실질적인 포트폴리오로 제안된 덕분이다. 넉넉하고 건강하며 여유로운 노년 인구가 대거 등장하면서 생긴 새로운 조류다. 한국에서도 없는 현상은 아니다. 아직은 낯설지만, 노년기를 제대로 즐기려는 신노년이 조금씩 늘고 있다. 몰타 유학처럼 단기 여행을 넘어 계절형 장기 거주를 하는 이들도 꽤 있다.

---

[*]   2020년 1월 22일 기준으로 구글에서 검색한 결과다. 대부분은 중고령 인구를 타깃으로 한 몰타 유학 관련 정보가 많다(https://www.ryugaku-voice.com/genre/gogaku/mt-yk_old.html).

[**] 인구 44만의 몰타는 유럽의 리조트라 불리는 작은 섬나라다. 영어권이라 영어는 물론 문화·역사도 배울 수 있다. 주로 40대 코스, 50대 코스, 60대 코스 식으로 연령대별로 프로그램이 다르며, 오전은 수업, 오후는 현지 활동으로 구성된다. 다른 영어권 국가와 달리 치안은 압도적으로 좋다. 비용은 천차만별이나 여유롭다면 노후 생활비로 대체될 수준이다. 아직 아시아인은 드물어 최근 한국에서도 몰타 유학이 부각되는 중이다.

노년기의 삶을 새롭게 쓰는 사람들

한국은 이제야 늙기 시작했다. 2017년 고령 사회에 진입하며 고령화 사회의 '화(化)'란 단어를 떼냈고, 최근에는 전체 인구에서 65세 이상의 비율이 14%를 넘겼다. 여전히 한국 사회가 고령 사회라는 체감 수준은 낮은 편이지만 앞으로는 다르다. 예측을 뛰어넘는 급격한 인구 변화가 예고되기 때문이다. 이제 한국은 노령 사회를 주도할 유일무이한 국가로 손꼽힌다. 지금은 고령 인구가 전체의 30%에 육박하는 일본이 늙음을 선도하지만, 한 세대가 지나면 한국이 가장 늙은 국가에 오를 게 확실하다. 고령화율(65세 이상/전체 인구)의 분모, 즉 전체 인구는 출산 포기로 급감하는 반면 분자인 65세 이상 인구는 1,700만 베이비부머(1955~75년생)가 덧보태며 급증할 것이기 때문이다.

따라서 그간의 은퇴 준비는 맛보기에 불과하다. 대상자는 꽤 제한적이었고 그들의 관심사도 한정적이었다. 50%에 육박하는 상대빈곤율에서 확인되듯 지금까지는 소득 축적과 자산 증식 등의 노후 빈곤 대책이 은퇴 설계의 주류였다. 실제 은퇴 생활에 진입한 절대다수의 윗세대는 가난과의 싸움이 일상이었다. 그러나 더는 아니다. 늙어가는 당사자의 생각과 환경이 달라졌다. 이들은 금전적인 준비는 물론 비재무적인 노후 대비에도 꽤 적극적이다. 돈만 좇는 게 힘들기도 하거니와 그 외에도 인생을 행복하게 만드는 다른 변수가 더 많다는 걸 체감해서다. 차라리 건강한 삶이 돈을 아끼는 지름길이란 역발상까지 익숙하다. 이들을 한국 사회의 아웃사이더로 치부하기엔 이미 너무 거대한 세력이 됐다. 달라진 노년 세대를 과거의 잣대로 일반화하면 곤란하다. 이들에게 늙음은 극복 대상일 따름이다.

어제 어른과 요즘 어른은 뼛속까지 남다르다. 인생관부터 가치관, 현실 생활까지 많은 게 구분된다. 환갑이라고 너무 어르신대접을 하면 칭찬은커녕 짜증이 먼저 돌아온다. 일부는 나이를 따지면 연령 차별이라며 대놓고 항의한다. 전에 없던 새로운 노년 별종의 등장이다. 관건은 이 세력이 다수파로 늘어나며 새로운 노년 모델을 제안하고 이를 확장해나간다는 점이다. 요즘 어른은 시간 죽이기식에 가까운 경로당에 가지 않는다. 돈이 좀 들어도 자기계발이 가능한 복지관, 문화센터로 직행한다. 공공시설의 교육·강좌 프로그램을 선정해 듣거나 고가의 민간과정에 등록해 새로운 도전에 나선다.

뼛속까지 달라진 요즘 어른,
도전하고 또 도전한다

개인적으로 늙음에 맞선 신노년을 꽤 만나는 편이다. 공공기관이나 민간기업에 강의를 하러 나가면 자발적으로 신청해서 강의를 들으러 온 노년층을 쉽게 만날 수 있다. 그들은 강의 주제나 그와 관련된 이슈에 대해서도 쉽게 받아들이고 공감한다. 나이를 잊은 능동적인 도전 의지가 상당한 덕분에, 강연은 대부분 어려움 없이 진행된다. 그들 중 꼰대가 없진 않지만, 혁신적인 새 삶에 대한 신노년의 주인의식은 매번 놀라울 정도다. 강의에 대한 열의와 몰입도는 상당한 수준이다. 부모와 자녀 사이의 인연 숙제를 끝낸 탓인지 거추장스런 고민도 없다. 가시권엔 오직 본인 혹은 배우자와 함께 써내려갈 그들만의 인생 스토리만 있다. 일흔이 코앞인데 창업준비에 나서고, 대기업 박사 출신이어도 여전히 무언가를 배우는 게 즐겁다는 투다. 몇몇은 20대조차 어렵다는 IT 특화과정은 물론 다른 기관에 중복으로 등록해 출석도장을 찍는다.

신노년의 독특한 행보를 한마디로 정리하면 '도전'이다. 그 이면엔 스스로 독립된 인생을 이뤄내겠다는 목표가 있다. 이들은 전통적인 부모 부양을 거부한다. 갈 길 바쁜 자녀에게 짐이 되는 건 무엇보다 싫다. 부모 봉양은 본인 세대로 끝이다. 자녀에게도 내리사랑처럼 무조건적인 지원은 하지 않는다. 능력껏 도와주되 중심은 본인이다. 최선의 노후 대책으로 탄탄한 노후 자금보다는 자녀의 완벽한 독립을 우선한다. 그래야 자유롭고 제한 없는 인생 2막이 가능하기 때문이다. 길을 정리했다면 도전은 수월해진다. 어차피 한몫 크게 당길 생각은 없기에 넘어져도 회복탄력성은 담보된다. 오히려 자아

실현이라는 작지만 위대한 도전이 활력이자 에너지가 된다.

새로운 신노년에게 도전은 일상이다. 퇴화를 연기하고 진화를 계속하자면 도전만큼 효과적인 승부수도 없다. 신노년은 도전으로 중첩되는 한국사의 주인공답게 도전을 겁내기보단 되레 반기는 분위기다. 또 신노년의 도전은 이미 수많은 경험으로 스스로에게 맞춘 눈높이라 실패 확률도 낮다. 신노년은 노화에 대한 오해와 착각, 고정관념의 오류 수정을 당당히 실현하며 본인이 지향하는 가치에 특화된 방법론을 찾는다. 스스로 인재임을 증명하고 생산성을 증빙함으로써 '노년=도전'의 새로운 등식을 완성해간다. 신노년의 늙음은 삶의 환승일 뿐 종착일 수 없어서다.

이로써 늙음은 수정해야 할 대상이다. 생로병사에 맞춰 상당한 설명력을 발휘했던 라이프사이클(생애 주기) 이론은 옛말이 됐다. 그만큼 현대시대의 변화와 인식의 전환이 빠르다는 의미다. 이를 선도하는 강력한 세력 집단이 달라진 신노년이다. 흔히 생각하는 늙음의 정형화된 방식을 거부할뿐더러, 새로운 방식으로 남은 삶에서 얻을 수 있는 추가적인 가치 창출에 집중한다. "늙으면 죽어야지"대신 길어진 인생살이를 적극적으로 받아들이고 남은 시간을 어떻게 즐길지 고민한다. 가난하고 아팠던 윗세대의 전철을 밟을 수는 없다. 앞만 보고 뛰어다니며 부모·자식 역할로만 인생을 평가받던 과거와는 결별을 선언한다.

늙음에 대한 이론 파기는 곳곳에서 확인된다. 원래의 라이프사이클에 맞추자면 늙음은 안정을 선호한다. 젊음의 이미지가 변화이듯 늙음은 안정이란 키워드로 연결된다. 때문에 투자 이론에서도 젊을수록 위험자산을 권유하고, 늙을수록 안전자산을 추천한다. 나이 들수록 도전했다 실패했을 때 받는 충격은 더 크기 때문이다. 하지만 이 같은 투자 이론도 이젠 설명력이 희박하다. 선진국에선 환갑 이후에 주식·펀드 등 위험자산을 선호하는 경향이 높다. 일본은 고위험자산의 상징인 외환투자Foreign Exchange를 고령 인구가 주도할 정도다. 늙을수록 움직이지 않는다는 가설도 먹혀들지 않는다. 원래라면 남은 인생이 길지 않아 주거지를 옮기는 것보다는 익숙한 둥지 근처에서 삶을 마무리하는 게 바람직하다고 봤다. 그러나 이제는 더 나은 생활 조건, 인생의 가치를 찾아 새로운 거주 공간을 택하는 황혼 이사가 상당하다. 직업에서도 마찬가지다. 신노년은 은퇴를 거부한다. 직장은 나와도 직업은 계속된다. 조기 은퇴를 권유하는 사회가 원망스러울 뿐 은퇴를 해도 현장에서 계속 일하거나 더 나은 조건으로 이직하길, 혹은 제2의 직업을 갖길 원한다.

전통이론까지 깨버린 신노년
목적지는 본인 빼고 다 버리기

결국 신노년의 변신은 무죄다. 아니 오히려 바람직한 시도에 가깝다. 개인·가족·사회 모두에게 낯설지만 유용한 전략이다. 시대에 앞선 개척자로 변신한 신노년의 성공 사례에는 주목할 만하 가치가 있다. 노화에 맞선 그들의 담대한 도전이야말로 새로운 한국 사회가 원하는 바다. 피부양자의 입장이 아닌 독립적인 생활 실현의 당사자로, 자립적인 본인 가치의 실현자로 신노년이 존재할 때 본인의 행복은 물론 사회 후생까지 확보될 수 있다. 노년 세대가 복지 정책의 수동적 객체에서 능동적 주체로만 갈아타도, 부담은 줄고 효용은 늘어난다. 사회도 다양한 방식을 통해 노년 인구가 삶의 주체가 되도록 기반을 갖추는 게 좋다.

늙음에 맞선 신노년의 성공 사례를 추종하는 개척자는 갈수록 늘어난다. 늙음에 맞서는 흐름은 시대 변화의 한 축이기 때문이다. 처음에는 독특해서 주목받을지 몰라도 점차적으로는 일시적 붐을 넘어 트렌드로 안착할 수밖에 없다. 인터넷 검색만 해봐도 신노년을 실현하려는 이들의 혁신적인 도전 사례는 엄청나다. 유튜버 박막례는 설명이 불필요한 항노화 도전 사례다. 늙음을 무기로 내세운 김칠두는 시니어모델로서 인생역전에 성공했다. 할담비로 불리며 스타로 떠오른 지병수도 유쾌한 늙음으로의 변신 시도다. 이분들이야 대중성 덕분에 지명도가 높을 뿐 감춰진 평범한 신노년은 더 많다.

모든 도전은 아름답다. 늙음에 맞선 신노년의 도전도 마찬가지다. 응원받고 지지받아 마땅하다. 이들을 늙은이가 나이에 맞지 않게 욕심 부린다고 말해선 안 된다. 어차피 인생성적표란 작위적이다. 세속적인 비교 잣대가 행복의 순서를 정해주지 않는다. 노년기가 되어서까지 무의미한 외부의 시선이나 타인의 기준에 맞춰 살아서는 곤란하다. 모험에 가장 잘 어울리는 타이밍은 어쩌면 노년기로, 이때 입력해야 할 내비게이션의 목적지는 '본인'이다. 가족을 향한 희생과 헌신 압박을 벗어버리고 본인의 삶에 초점을 맞출 때 품위 넘치는 신노년이 될 수 있다. 인생 100세의 만만찮은 과제 앞에 선 신노년의 변신을 주목하는 이유다. ***

*** 　한혜경(2015), 《나는 품위 있게 나이 들고 싶다》, 샘터사. 은퇴자 1,000여 명을 조사해 그 결과를 묶어낸 이 책에서 관통하는 포인트는 '버리는 기술'이다. 고령 인구가 왜 품위 없이 고단한 삶에 떠밀렸는지 개별 사례를 종합했다. 품위 있는 노후는 나를 뺀 모든 것을 버리는 선택에 있음을 강조한다.

4부

×

개인의 행복으로
공동체를 지키는 사람들

한 지붕 각자 가족,
셰어 하우스가 품은 뜻

"매일 저녁 맛있는 식사와 이야기를 나누며 새로운 가족을 만들어준다. 무보증금에 단기 사용이 가능한 고시원의 장점에 넓은 공간에서 함께 어울려 사는 삶을 실현시켜 최근 젊은 층 사이에서 급속도로 퍼지고 있다. … 사람들은 다양한 이유로 셰어 하우스에 살고 있다. 집값이 싸서, 혼자 있는 게 싫어서, 집이라는 소유물에 속박당하고 싶지 않아서. … 어쩌면 가족이 아니기에 같이 사는 게 더 의미 있는 일이다. 가족끼리 오붓하게 사는 게 가장 행복하다는 사람도 있겠지만, 인생은 제각각이고 세상은 변하고 있다. 셰어 하우스도 누군가에게는 훌륭한 선택지가 되어줄 것이다."*

---

*   니시카와 아쓰코 저, 배가혜 역(2014), 《나는 셰어 하우스에 산다》, 푸른지식. 출판사의 책 소개 글에서 발췌한 내용 중 일부를 취지에 맞게 재구성했다.

셰어 하우스Share House란 의미 그대로 공유 주택, 즉 한 집에 여러 명이 사는 주거 형태다. 예전이었다면 이 한 집에 여러 명 중 '여러 명'에 속하는 건 혈연 가족에 한정된다. 생판 타인인데 한 지붕 아래 같이 사는 건 독특한 예외에 불과했다. 그러나 시대는 변했다. 피붙이가 아닌데도 함께 사는, 타인으로 구성된 가족이 등장했다. 게다가 이런 타인 가족은 점점 늘어나 셰어 하우스라는 일반명사까지 만들어냈다. 한국에서만 나타나는 현상은 아니다. 세계적인 흐름이다. 가족이 해체되어 가는 시대에 가족이 아닌 누군가와 연대할 수 있는 이 공간은 대안적인 주거의 형태로 급부상했다. 영국·독일 등 북유럽을 필두로 일본에서도 독립 공간과 공용 공간을 적절히 섞은 셰어 하우스가 주목받고 있다.

이름은 제각각이다. 셰어 하우스로 일반화되긴 하지만, 공유 주택, 집합 주택, 코리빙Co-living 하우스, 컬렉티브Collective 하우스 등 다양한 명칭으로 불린다. 각자 미묘한 차이가 있다지만, 공통적으로 '여럿이 함께 살며 공간과 생활을 공유하는 곳'이라는 전제에서 벗어나지 않는다. 요컨대 셰어 하우스의 범위가 확장되었다는 말이다. 공유 주거의 방향성이 '관계의 확장'으로 진화된 것이라고 볼 수 있다. 세밀한 욕구를 실현하기 위해 새로운 기능성을 찾아 강화해 가는 형태다. 최근엔 사무 공간을 공유 오피스로 추가한 코워킹Co-working 하우스까지 선보이고 있다. 출퇴근 없는 새로운 직업 형태인 노마드족이나 플랫폼 종사자, 전문직 등을 타깃으로 한다. 이러한 타깃은 주로 청년층이기 때문에 수급도 그들의 눈높이에 맞춰 이뤄진다. 지향하는 가치와 욕구가 개인마다 다른 청년을 수요층으로 둔 덕분에 공유를 중심으로 한 다양한 실험이 한창이다. 그래도 변하지 않는 밑그림은 '하나의 집에 여럿이 산다'는 '따로 또 같이'의 실현이다.

함께 사는 타인 가족의 등장
셰어 하우스의 끝없는 진화

최근 EBS 〈건축탐구 집〉이란 프로그램**에도 셰어 하우스가 소개됐다. 전형적이고 평균적인 셰어 하우스의 이모저모가 잘 표현된 방송이었다. 셰어 하우스의 수요가 느는 와중에 과장되고 왜곡된 이미지와 마케팅이 문제를 낳고 있는 상황이었어서 더 주목됐다.

방송에서는 평범한 청년들의 상황에 눈높이를 맞췄기에 간단히 소개해본다. 등장한 셰어 하우스는 3명이 한 유닛(층)을 쓴다. 방 3개에 거실과 화장실, 샤워실을 공유한다. 주방 겸 라운지도 있다. 루프탑에서는 바비큐 파티도 가능하다. 진정한 셰어 하우스라면 빠질 수 없는 주민 활동도 있다. 입주민이 주최하고 참가하는 취미형

**   EBS, <건축탐구 집: 나 혼자 산다>, 고시원의 변신! 신림 셰어 하우스 편 (2019.11.26.)

문화 활동이다. 게시판에 공고하면 누구든 소정의 찬가비를 내고 참여가 가능하다. 인터뷰이 해수 씨의 말이다.

"작지만 있을 건 다 있지요. 처음엔 낯설던 것도 애착이라는 게 생기잖아요. 공간도 비슷한 것 같아요. 사실 서울살이의 외로움이 밀려왔죠. 이젠 여기가 제 집 같아요. 두 평 남짓이지만 세상에서 가장 편안하죠. … 집에 대한 집착을 버렸어요. 인간이란 게 욕심을 가질 수밖에 없잖아요. 마치 질량처럼. 질량이 클수록 중력이 커지니까. … 월세로 사는 것에 큰 박탈감 느끼지 않고 현실을 받아들이며 함께 보듬으며 살아갔으면 좋겠어요. 이곳은 공간 공유를 넘어 그 이상의 가치를 공유하는 곳이죠. 꿈꾸는 청년들이 따로 또 같이 살아가는 집입니다."

가볍게 말하고 있지만 묵직한 소감이다. 청년을 감싸는 족쇄에서 해탈한 듯한 고백이라 안타깝지만, 그렇지 않고서는 살아가기 힘든 서울살이기에 한층 절실하다. 셰어 하우스는 답답한 현실을 살아가는 한국 청년에게 나름의 숨구멍을 터준다.《나는 셰어 하우스에 산다》에 나오는 10가지 장점이 한국 청년의 현실과 지향을 잇는 지점인 까닭이다.***

셰어 하우스는 냉엄한 현실과 꿈꾸고 있는 지점 그 사이에서 연결 고리가 되어준다. 완벽하거나 부드럽진 않아도 갑갑한 현실을 벗어나 나름의 행복을 확보하는 대안적인 공간으로 봐도 좋다. 당연히 함께 사니 갈등도 생길 수 있겠지만 얻게 되는 쓸모와 가치에 비하면 참을 수 있다. 개인의 사정에 따라 차별화된 셰어 하우스도 속속 등장해 선택지는 넓어지는 추세다.

외로운 현대 청년의 새로운 가족 모델, 셰어 하우스라는 실험 공간

"혼자 살아본 경험이 없었는데 독립해서 살고 싶다는 생각이 들었어요. 그러던 중 모집 광고를 보고 투어를 해본 후 계약했죠. 직장과의 접근성, 다양한 시설과 인테리어, 커뮤니티 프로그램 등이 맘에 들었습니다. 월세는 솔직히 비쌉니다. 높은 비용만큼 삶의 질을 높여주는 다양한 서비스는 좋죠. 입주민만의 오픈 채팅방도 있어 다양한 얘기를 나눕니다. 자발적인 파티와 행사도 있죠. 좋은 점도 있지만 불편한 것도 있어요. 비싼 월세와 소음, 환기 문제가 그렇죠. 종합하면 단기적으로는 경험해볼 만한 주거 공간이라 생각됩니다."

*** 책에서 소개한 셰어 하우스의 10가지 장점을 보자. △ 친구보다 가깝고 가족보다 자유로운 셰어메이트 △ 언젠가 한번 살아보고 싶은 집 △ 평범한 하루하루가 특별해짐 △ 큰돈 들이지 않고 가방 하나 들고 이사 끝 △ 무거운 가사 부담은 이제 안녕 △ 심플해진 생활 △ 같은 가격으로 좋은 집에 살 수 있음 △ 누구든, 몇 살이든! △ 소유의 기쁨보다 큰 공유의 행복 △ 생활의 인연을 만들 수 있음 등이다.

대기업이 강남 중심부에 만든 셰어 하우스[****]에 살아본 후기를 재정리한 내용이다. 주관적인 품평이라는 점을 감안해도 대체적인 거주 환경을 엿볼 수 있다. 장점이 있으면 단점 또한 있는 것이 당연하다. 중요한 건 수급이다. 시장은 수급에 맞춰 조성되고 성장하는데, 이는 셰어 하우스가 다양해지고 점차 차별화를 갖추게 된 배경이다.

위 사례 속 셰어 하우스는 비싼 월세를 지불할 수 있는 능력을 갖춘 사람들만이 입주할 수 있다. 즉 평범한 셰어 하우스를 넘어 차등적인 미세욕구에 주목해 진화된 형태다. 역세권이지만 그만큼 비싸기 때문에 유입이 많지는 않다. 그럼에도 일부 셰어 하우스는 대기 행렬까지 이어졌다고 한다. 비싸도 본인이 지향하는 삶이 실현되면 기꺼이 지불하겠다는 미혼 청춘의 속마음을 들여다볼 수 있다. 어차피 가족을 구성하는 것이 어렵다면 눈높이에 맞는 셰어 하우스에서 욕구를 실현하겠다는 수요다. 그래도 천문학적인 내 집 압박보단 낫기 때문이다. 요컨대 셰어 하우스의 삶은 단독 주거와

[****] 디지털타임즈, '코오롱 첫 공유 주택 역삼트리하우스, 6가지 라이프스타일 반영' (2018.12.17.) 다양한 라이프스타일을 가진 입주자에 맞춰 콘셉트별로 평면을 제공한다. 여성, 노마드, 반려동물, 테라스, 미니멀 등이다. 2040 세대의 1~2인 가구를 대상으로 설계됐다. 개별 공간에서는 누릴 수 없는 다양한 서비스 공용 공간을 통해 제공할 예정이다. 개인 공간보다는 공용 공간을 최대화했다. 주 1회 조식이 제공되며, 다양한 렌탈 서비스도 가능하다. 임대료는 평균 월 100만 원대다. 공용·개별공과금은 별도다.

가족 주거의 중간 단계로 볼 수 있다. 이는 단신 가족은 싫지만 결혼으로 새 가족을 구성하는 게 어려운 청년들에게 '타인 가족'이라는 타협안을 제시한다. 셰어 하우스가 고립적 개인과 가족적 타인을 맺어주는 공간으로 승격된 것이다.

공간을 공유하는 셰어 하우스는 현대 청년의 딜레마를 해소해 준다. 어려운 가족과 생소한 타인의 타협 지점에 위치하기 때문이다. 결혼을 통한 가족의 기능을 아예 포기하기보단, 타인의 가족화로 적절한 쓸모를 기대할 수 있어서다. 언제든 해체하고 다시 조립하기가 자유롭고 쉽기 때문에 특히 가족을 대신할 대안 가족으로 안성맞춤이다. 1인화가 거대한 시대의 흐름으로 안착했다는 점에서 셰어 하우스의 전망은 밝다. 2019년 1인 가구는 599만 가구로, 잠재된 수요도 넘쳐난다. 셰어 하우스는 2013년 17곳에서 2018년 상반기 1,020곳으로 불어났다. 한 지붕 혈연 가족이라는 전통 모델이 막을 내리기 시작한 반면 한 지붕 타인 가족이 각자도생의 대안으로 흡수된 것이다.

각자의 협력과 동맹으로
맺어진 타인 가족

셰어 하우스는 '헤쳐 모여'가 전제된 타인과의 생활 공동체다. 그럼에도 가족의 기능을 일정 부분 필수로 장착한다. 예전엔 공간을 공유하는 것 위주였다면 지금은 생활의 공유까지 지향한다. '공유→교류'로 가족의 쓸모까지 심화하는 형태로 발전하고 있다. 가족을 원하지만 가지기 힘든 청년의 빈틈을 적절하게 메워준다.

청년들은 결혼을 주저할 뿐 독립하고 싶은 마음은 여전한 대세다. 다만 예전엔 부모와 살며 결혼 후 자연스레 독립된 공간을 꾸렸다면 지금은 독립하되 짝이 아닌 메이트와 함께 사는 경우도 많이 늘었다. 메이트와 함께 사는 것은 금전 비용을 아끼면서 유대도 쌓을 수 있어 밀레니얼세대와 Z세대의 독립 수요에 맞아떨어진다. 이들은 철저히 온기는 느끼되 간섭하지 않는 거리 두기로 셰어 하우스를 완성해간다. '친구 이상 가족 미만'의 관계를 설정한다. 경제적, 정서적으로 연결되어 있으나 얽매이지 않는 라이프스타일을 추구한다.

셰어 하우스처럼 '따로 또 같이'나 '한 지붕 타인 가족'의 실현은 자연스런 시대에 따른 변화다. 색안경을 끼고 볼 필요는 없다. 피붙이의 혈연동맹체만이 가족은 아니다. 앞서 말한 법적 제도를 통과한 결혼 선언만이 가족은 아닌 것과 같다. 다양한 기성 족쇄로 청년의 연애와 결혼을 원천적으로 봉쇄한 거대한 권력에 맞서, 제도를 피하되 가족은 유지하려는 자연스런 흐름이다. 이렇게 되면 혈연으로 맺어진 가족은 해체되어도 동맹으로 맺어진 가족은 확산된다. 해체의 반작용으로 수렴되는 신유형이 등장한 것이다. 가족은 결혼이 낳고 결혼이 없으면 가족도 없다는 논리를 현대 청년은 불편해한다. 결혼이 저지됐다고 가족까지 포기할 이유는 없다. 타인과 동맹으로 맺어진 가족은 새로운 가족의 모습일 뿐이다.

셰어 하우스에서 실현되는 신세대적인 동맹 가족의 특징 중 하나는 자율권이다. 고립감을 낮추고 유대감을 높여줄 가족 구성원을 선택할 수 있다. 버릴 수 없는 혈연 가족과 달리 얼마든 재조합하거나 재구성할 수 있다는 점이 전제된다. 혈연 가족은 평생에 걸친 스트레스 때문에 '가족이라는 병'이란 말까지 나왔을 정도지만 동맹 가족은 이와 달리 완벽히 무관한 관계가 이뤄진다. 긴장된 가족 구성(원심력)에 맞선 느슨한 타인 결성(구심력)은 시대가 가하는 압박을 벗어나려는 미혼 청춘들의 생존 수단이다. 물론 남은 숙제가 많다. 타인과 맺은 동맹 가족이 갖는 한계를 해결해야 한다. 피붙이에게 한정적으로 부여된 가족 특유의 '우리성'을, 선택된 타인 공동체가 무난히 확보하느냐가 대표적이다. 기대가 적어 실망도 적겠으나, 어쨌든 타인과의 집단 동거가 가족을 완벽히 대체하기란 쉽지 않다. 혈연성과 타인성의 보완재면 족하다.

그럼에도 각자의 협력과 동맹으로 맺어진 타인 가족화는 늘어날 전망이다. 가족 기능을 향상시키기 위한 실험도 한창이다. 단순한 타인과의 동거를 넘어 특정 취미 또는 관심사에 특화된 셰어 하우스가 하나의 보기다. 입주 조건을 제한해서 동질감과 공감대를 맞추기 위한 기회비용을 시작부터 낮추려는 차원이다. 갈등의 여지를 최소화함으로써 가족주의적 유대감을 높인다는 전략이다.

단순한 공간의 공유를 넘어 완벽한 가족적인 유대를 지향하는 공간의 실험은 사실상 전성시대다. '따로 또 같이'의 한 지붕 각자 가족은 주요 선진국에서도 보편적인데, 한국과 달리 혈연 가족을 과하게 중시하지 않는 문화 덕분이다. 미혼 청춘만의 수요도 아니다. 냉정한 가족 분화와 세대별 복지 시스템이 옅은 까닭에, 중고령 독거 가구를 위한 자발적이고 임의적인 동맹 가족이 유력한 가족 유형으로 흡수되고 있다.

해외의 각자도생 공존법 혈연 가족을 위협하는 타인 가족의 연대 실험

 Cift[*****]는 0~60세까지 약 60명이 함께 가족이라 여긴다. 2017년 오픈 당시 38명에서 1년 만에 2배로 늘었다. 뜻에 공감한 이들이 기꺼이 가족 범위에 들어온 것이다. 이들의 직업은 뮤지션부터 작가·요리인·정치가·미용사·변호사·화가·디자이너·금융투자자 등 다양하다. 개중엔 스님부터 성소수자를 뜻하는 LGBT[Lesbian Gay Bisexual Transexual] 활동가도 포함되어 있다. 명함만 100개를 웃도는 걸로 알려졌다. 굳이 공통점을 꼽는다면 창조적인 일을 한다는 정도다.

 이들은 가족과 같은 형태로 함께 생활한다. 가족답게 상부상조의 네트워크가 중시된다. 때문에 Cift는 법인조직이다. 구성원 개개인이 가진 기술을 공유하면서 일을 함께 주문받는 역할도 맡는다. 일상생활에서 새로운 일이 벌어지는 셈이다. 동시에 공동(협동)조합이다. 모두 조합비를 내고 공동체의 의사를 함께 결정한다. 가족 회의라 불리는 의결을 통해서 식비 및 임대료를 결정하고, 구성원 중 누군가가 곤란한 상황에 빠지면 조합비에서 구제 금융도 지원된다. 뜯어보면 유기적인 가족 기능이 실현된다.

 가족을 선사하는 공동 주거는 파편화된 개인의 욕구와 수요가 일치한 듯하다. 공유 주택이 활기를 띠고 있는 게 그 증거다. Cift는 확장 오픈을 결정했다. 거점이던 시부야를 넘어 카마쿠라까지 3개로 늘어났다. 건물 한 동을 통째 매입해 전용 공간(방)과 공유 공간(부엌·거실 등)으로 나눠 운영한

[*****] Huffpost, '新しい家族のかたち「拡張家族」。 働き方の次は、家族観を見直していこう', (2018.12.31.)

다. 같은 체인인 덕에 세 곳을 오가며 노마드형 거주도 실현 가능하다. 여행하듯 빈방이 나면 옮겨가는 식이다. 구성원 소유의 집도 조건에 맞춰 거주할 수 있다. 전국 확장형 가족 거점맵의 완성이다. 이들 표현을 빌리자면 평상시 귀가 때처럼 "다녀왔습니다"의 인사가 가능한 구조를 지향한다.

곤란할 경우 구성원끼리의 도움은 자연스럽다. 지향점이 가족인 까닭에서다. 이때 각양각색의 다종다양한 구성원들의 직업은 큰 도움이 된다. 60명이나 되니 직간접적인 연결이나 노하우의 전수로 문제 해결이 가능해진다. 부모와 형제가 서로 돕듯 안정감과 안심감을 안겨준다. 기혼인 구성원이 출산하면 동거인 모두가 삼촌 또는 이모의 역할을 대신하는 것도 자연스럽다. 잠만 따로 잘 뿐 일상생활을 함께하니 가능한 일이다. 따로 사는 부모의 돌봄도 바쁠 땐 구성원끼리 순서를 정해 도와준다. 아이들은 부모가 달라도 형제처럼 지낸다. 앞으로 어떤 일이 일어나도 60명으로 조합된 새로운 가족이 버팀목을 해준단 점에서 만족도가 높다.

사실 이 모델은 낯설지 않다. 기시감이 있다. 지금은 사라졌지만, 먼 옛날 전통사회에선 한 지붕 아래 여러 가족이 뒤섞여 살아가는 풍습이 있었다. 일종의 다세대 공동주택으로 일본에선 나가야(長屋)로 불렸다. 적절한 의료가 공급되지 않았던 과거엔 혈연인 부모 또는 자녀를 먼저 떠나보내면서 홀로 남는 이들이 적지 않았는데, 이때 나가야는 가족에 준하는 적합한 공동체로 인정받았다.****** 혈연을 넘어서 내부에서 완성된 봉양 또는 양육

****** るいネット, '長屋の暮らしに学ぶ, 江戸時代の共同体'(http://www.rui.jp/ruinet),(html?i=200&c=400&m=283270)

구조의 완성 체계인 셈이다. 그래서 혈연 가족이 없어도 행복한 삶이 가능했다. 현대적 의미의 커뮤니티다. 최근에도 간병시설, 셰어 하우스 등 몇몇은 공식 지향점으로 나가야를 내세운다.

Cift의 콘셉트는 '의식으로 이어진 확장 가족'이다. 때문에 형제 없이 나 홀로 자라난 지금의 청년들이 갈구하는 지점과 정확히 일치한다. 기대효과는 크다. 본인을 드러내는 연습이 가능하고, 남을 생각하게 되며, 서로 돕는 의미를 깨닫는다. 스스로 변화할 뿐만 아니라 마음이 커지는 변화를 느끼는 경우도 잦다. 이들에게 가족은 혈연관계나 사회 구조가 아닌 감정의 확장으로 받아들여진다. 본인에 맞서 본인을 확장하는 계기에서 가족 기능을 깨닫는다. 즉 가족은 자신이 믿으려는 대상과 이에 공감하는 타자와의 결속으로 이해된다. 따라서 보통 가족이라는 고정관념은 파기해야 할 대상이다.

회사, 동료는 결코
가족일 수 없습니다!

"입학 정원과는 무관한 것 같아요. 인원이 많든 적든 서로 잘 모르는 건 마찬가지죠. 얼굴을 텄거나 따로 친한 몇 사람 빼면 잘 모릅니다. 전공수업 때도 인사하는 경우는 한 손가락에 꼽습니다. 대화도 교류도 거의 없어요. 공식 모임이 없지는 않지만, 거의 안 갑니다. 좀 그렇긴 해도 사실 이게 더 편해요. 괜히 친해졌다가 나중에 불편해질 일은 안 만드는 게 좋거든요. 친하지도 않은데 깊숙이 다가오는 것도 싫고요. 저뿐만 아니라 모두 그러니 당연하게 여겨집니다. 관계는 최소한이 좋고, 저도 만족합니다."

요즘 대학생은 확실히 다르다. 예전 잣대를 들이대면 곤란해질 때가 한두 번이 아니다. 심지어 학년끼리도 세대 차이가 크다고 하니, 그들 안에서도 어쩔 수 없는 세대 차이가 느껴지면 스스로 꼰대임을 인정하게 될 수밖에 없다.

수업 중 나의 질문에 한 학생이 위의 인용문과 같이 대답했다. 학부 수업에서 때때로 팀플(팀플레이어) 과제를 내는데, 같은 과 선후배끼리 엮인 그룹인데도 서로 높임말을 해서 물어봤더니 저렇게 답했다. 나이와 전공, 학번까지 같아도 상황은 마찬가지다. 한마디로 잘 모를 뿐만 아니라 친해지고 싶지도 않으니 'ㅇㅇ님'으로 부르는 게 상책이란 답이다. 과제 때문에 어쩔 수 없이 논의하지만, 과제가 끝난 이후엔 눈인사만으로 충분하다는 입장이다.

이러한 대답에 "나 때는 말이야…"를 풍자하는 'Latte is Horse(라떼는 말이야)'로 짜증을 유발할 생각은 없다. 그건 고지식한 부연 설명일 따름이다. 할 말은 많지만 하지 않는 '할말하않'이 절실한 순간이다. 정리하면 '달라진 청춘 남녀의 새로운 사고 체계'로 요약된다. 대학도 그렇다. 알다시피 대학은 초중고와 결이 다른 인적 공동체다. 의무교육이 아닌지라 자발적이고 독립적이며 자율적인 개인이 모인 곳, 대학은 느슨하되 공고한 사회 조직의 첫 단계에 가깝다. 회사에 취직하기 전에 사회성, 타인과의 관계성을 터득하는 사실상 최초의 경험이 대학에서 이뤄진다. 즉 어른과 아이의 중간 단계인 청년들을 가르치는 교육기관답게 냉정함보단 친근함이, 계약 관계보단 사적인 잣대가 일반적이었다. 가끔 윗세대에서 내려온 기강과 군기문화가 갈등을 빚기도 했지만, 대개는 가족처럼, 친구처럼 든든한 공동체로 위치했다.

학연주의가 만연했던 대학도
이익 사회로 재편되고 있다?

더는 아니다. 대학 내 공기는 급변했다. 여유와 낭만이 갈 길을 잃은 곳에 스펙과 취업이 매섭게 들어섰다. 변화된 호칭만으로도 각박해지고 냉랭해진 대학 공기를 충분히 읽을 수 있다. 이제 생활 공간으로서 대학은 무의미해졌다. 대학생들은 최대한 공강 없이 시간표를 짜고, 수업이 끝나면 뿔뿔이 흩어진다. 밥조차 홀로 먹는 판에 술자리는 희귀해진다. 취업형 동아리나 스터디가 아니면 신입 회원도 별로 없다. 점차 청춘 특유의 공동체적인 사교활동은 찾아보기 어려워지고 있다. 모여도 뚜렷한 공통의 목적에 부합될 때만 치고 빠지기로 움직인다. 맥락 없는 사적 관계 형성은 옛말이 돼버렸다.

대학생은 혼밥(홀로 하는 식사)에서 변화된 대학 공기를 눈치 챈다. 고등학교까지야 단체 급식이 원칙이라 혼밥할 일은 없다. 대학은 다르다. 모든 것을 혼자서 판단하며 본격적으로 어른이 되어가는 시기다. 몇몇 친구와 선후배가 아니면 각별한 관계도 별로 없다. 대학에서 가족처럼 가깝고 가족처럼 쓸모 있는 존재는 찾기 어렵다. 대학 내 분위기는 공동사회Gemeinschaft에서 이익사회Gesellschaft로 기능과 효율이 급격히 이동했다. 일체감을 전제로 한 이타적이고 감정적인 애정보다는 냉엄한 규칙으로 움직이는 합리적인 계약이 우선된다. 학연(學緣)을 내세운 특유의 공동체성이 분리되고 퇴화하는 흐름이다.

원래 한국 사회엔 '우리가 남이가'의 가족주의가 강력했다. 초중고의 출신 지역에 따른 연계적인 학연과 함께 대학 동문도 공고한 가족주의 중 하나였다. 대학, 전공, 학번 등의 표지는 떼려야 뗄 수 없는, 우리와 남을 구분하는 기준점이었다. 특정의 학연으로 이루어진 그룹은 사실상 혈연 다음으로 가족주의를 하나로 모으고 심화시킨다. 이러한 리그 결성은 공정한 경쟁을 무력화시키는 연고주의의 혐의를 뒤집어썼음에도 불구하고, 지금껏 평생의 기초 공동체로 기능해왔다. 그런데 이 같은 학연주의의 분위기가 달라지고 있는 것이다. 대학과 대학생의 변화는 의미심장하다. 학연에 의존적인 관계가 약화되고 해체될 조짐이 확인되기 때문이다. 적어도 윗세대보단 밀어주고 당겨주는 학연주의의 설명력은 줄어든다. 팔이 안으로 굽는 것까진 어쩔 수 없으나 대놓고 떠벌리진 않는다.

가족 같은 회사?
유사 가족인 회사 공동체의 몰락

회사도 마찬가지다. 한국 사회는 일본의 영향을 받아 가족주의적인 사고가 장기간 직장 문화를 지배했다. 일자리가 정년까지 보장되고, 연차가 오르면 임금도 함께 올랐던 일본의 직장 체계는 가부장적인 시스템이 회사 운영에 반영된 시스템이다. 좋게는 존중을, 나쁘게는 회사형 인간을 실현시켰다. 정부 복지의 기업위탁형인 '기업 복지'가 탄생한 배경이다. 회사는 직원을 책임짐으로써 생활의 불안을 없애주고, 정부는 이런 기업을 도와줌으로써 복지의 빈틈을 메워주는 구조가 만들어졌다. 사실상 주거·교육·의료·노후를 비롯한 복지의 전체를 기업이 도맡아줬다. 이로써 직원들의 불안은 줄어든다. 내 집(사택 및 주거 지원)부터 교육·의료(관련 수당)와 은퇴(퇴직금)까지 무난해진다. 회사가 이렇게까지 보장해주니 직원은 회사에 충성할 수밖에 없다. 고용은 곧 비용이라는 시장 원리주의가 도입되기 전까지 직원은 밤낮없이 일하며 가족의 생활을 떠받쳐주는 직장에 충성하며 살아갔다. 해고는 고려되지 않았다. 식구(직원)를 버린 가장(경영진)은 지탄의 대상일 뿐이었다.

한국도 과거엔 이 논리가 장악했다. 직장 공간은 유사 가족으로 인식되며 '식구끼리 왜 그래?'에서처럼 식구가 만능 단어로 작용했다. 공식적으로는 직함으로 불러도 회식에서는 형, 언니가 보편적이었다. 남남의 선후배지만 형제와 자매처럼 사적인 관계를 형성했다. 부작용도 많았지만, 선순환도 많았다. 때문에 회사는 혈연·지연·학연과 함께 새로운 공동체로서 사연(社緣)이란 시스템을 만들며 회사와 외부 조직을 구분하는 경계 지점을 제공했다. 애사심은 가족애로 치환되며 압축적 고도성장을 참고 견딜 수 있는 내적 동기로도 움직였다. 각종 수당과 복리후생을 비롯한 한국 특유의 임금·평가·승진·퇴직 제도는 이렇게 완성됐다. 계약 관계인 서구 회사에선 드문, 생사고락을 나누는 회사 공동체의 탄생이다.

그러나 사람이 달라지면 조직도 변화한다. 강력했던 한국형 가족주의 직장 문화는 시대의 흐름에 따라 해체와 재구성이란 과제 앞에 섰다. 성장 경로는 물론 취향도 지향점도 윗세대와 확연히 다른, 별종 그룹인 밀레니얼세대, Z세대가 회사에 진입하면서 속칭 가족주의는 흔들리기 시작했다. 이들은 회사가 집이 아니듯 직장 동료는 가족일 수 없다고 생각한다. 충성은커녕 참견조차 거부한다. 반면 많은 직장선배가 '꼰대'임을 스스로 인식시켜준 책*도 화제다. 90년대생을 '간단함·병맛(재미)·솔직함'으로 규정하며 이들의 사회 진입이 회사를 바꿀 것이란 메시지를 담은 책이다. "책이 얘기하는 것과 정반대로 하면 성공할 것"이란 풍자에도 불구, 달라진 밀레니얼세대, Z세대가 새바람을 몰고 온 건 부인하기 어렵다. 덩달아 52시간 근로제 등 직장에 대한 인식의 변화와 함께 직장과 관련된 제도도 수정된다. 가족주의적 회사가 약화된다는 신호다.

---

* 임홍택(2018), 《90년생이 온다》, 웨일북.

MZ세대의 달라진 회사관
"가족을 운운하지 말라!"

애초부터 '회사=가족'의 사고 체계는 성장주의와 국가주의가 고안해낸 시한부 이데올로기였을 확률이 높다. 그때는 효과적이었을지 몰라도 지금은 종료의 압력이 더 크다. 따라서 밀레니얼세대와 Z세대(MZ세대)가 몰고 온 회사의 탈가족주의는 비정상의 정상화에 가깝다. 신세대의 이기적인 선택이라기보단 변화에 따른 합리적인 결과다. 미래를 이끌 주역이 살아나갈 길을 처절하게 탐색한 결과다. 엄청난 경쟁률을 뚫고 회사에 들어갔지만, 중도퇴사^{**}가 많다는 건 그만큼 '신입 vs 회사'의 구도에서 서로의 격차가 줄어들지 않는다는 뜻이다. MZ세대의 인식이 변화한 것도 있겠으나, 조직문화와의 여전한 간극을 거론하지 않을 수 없다.

혈연조차 재구성의 도마에 올린 게 후속 세대의 결심이자 결정이다. 불가피한 측면도 있지만, 자발성도 상당하다. 처음엔 충돌할지 몰라도 종국엔 흡수되어 반영될 수밖에 없다. 가족주의 직장 문화는 지금 급변기에 돌입했다. 공사(公私) 구분이 당연한 것은 물론, 공조차 허용된 한계는 52시간뿐이다. 회식에 참가하는 것도 MZ세대에겐 당연한 일이 아닌 서비스로 전락했다. 직장과 가정의 양립

**   캠퍼스잡앤조이, '직장인 87.6% 첫 직장 퇴사한다… 1년 미만 신입사원 퇴사율 30.6%' (2020.01.10.)

조화, 워라밸Work Life Balance은 이들에게 상식이다. 워라밸에 대한 혼돈은 회사에 대한 반발과 저항만 낳을 뿐이다. 이제 사연(社緣)은 없다. 제 몫만으로 평가받으려는 MZ세대의 회사관은 아직 어색하지만 존중받을 만한 변화다. '남'이면서 '나'를 강제하는 어정쩡한 회사 가족은 파기해야 할 대상이다.

후속 세대가 몰고 올 시대의 전환과 세대의 교체는 시간문제다. 이들은 '회사=가족'을 본격적으로 부인하는 최초의 세대다. 이 법칙은 회사뿐 아니라 사회 곳곳에 포진해 작용함으로써 가족주의적 공동체 논리에 반대한다. MZ세대는 단발적인 취지로 가볍게 모일 수 있는 공동체를 지향한다. 고립된 상황에서 고독을 회피할 필요가 있을 때 따로 또 같이 쓸모를 조달받을 수 있는 일종의 타인 가족 또는 동맹 가족을 선호한다. 혈연 가족조차 가족의 기능을 부담할 능력과 의지가 적어진 마당에 일로 만난 회사 동료의 '가족' 같은 말들은 받아들이기 어렵다. 일하는 방식도 달라진다. 정시 퇴근은 기본에 휴가는 권리다. 눈치를 보지도 않는다. 보여주기식 업무처리 방식에는 대놓고 반발한다. 내 회사가 평생을 책임지지 않는다는 점을 누구보다 잘 알아서다. 회사는 활용해야 하는 수단일 뿐 희생과 양보의 대상일 수 없다. 꿈이 없어진 곳에서 꿈꿀 정도로 한가한 MZ세대는 없다.

영화 〈어느 가족〉이 던진
낯선 현실의 화두

"피가 이어지지 않은 가족이라 좋은 점도 있어. 괜한 기대를 안 하게 되어
좋아."

"사랑하니까 때린다는 건 거짓말이야. 진짜 사랑하면 이렇게 꼬옥 안아주
는 거야."

"여기 가슴으로 이어져 있어. 보통은 돈으로 이어져 있잖아. 우리 가족은
보통이 아니거든."

"버린 게 아니라 주워온 거예요. 버린 사람은 따로 있는 거 아닌가요?"

"가족을 스스로 선택하는 게 더 강하지 않겠어? 나도 널 선택했지." *

---

*   영화 〈어느가족〉의 명대사 중 일부를 취합해 구성했다.

영화에 나오는 대사 중 일부다. 곰곰이 되씹어보면 명대사가 아닐 수 없다. 영화 〈어느 가족〉에 나오는 말이다. 원제는 〈좀도둑가족(万引き家族)〉으로 2018년 일본영화 흥행 성적표 상위에 랭크된 화제작이다. 호평을 받으며 황금종려상을 수상하는 쾌거도 이뤘다. 한국에서도 광범위하진 않았지만 높은 평점과 입소문으로 인기를 끌었다. 워낙 인기였던 탓일까. 일본 사회의 치부가 드러났다는 세간의 평에 일본 정부가 "일본에 그런 가족은 없다"라며 공식의견까지 밝혔다는 후문이다.

뭉치고 깨진 타인 가족,
그들이 던진 묵직한 화두

영화는 이질적이고 도발적이다. 작가의 상상력은 확실히 일반 수준을 넘어섰다. 전제부터 비현실적이다. 등장인물은 6명이다. 할머니, 아빠, 엄마 그리고 자녀 3명이다. 포스터에 묘사된 모습에선 꽤 단란한 대가족처럼 여겨진다. 파격인 건 모두 핏줄로 연결되지 않은 남남이란 설정이다. 그들은 타인끼리의 가족구성으로 법적인 공인 가족은 아니다. 이때 필요한 단어가 '유사(의사) 가족'이다. 가족이 아닌데 가족처럼 살아서다. 혈연 가족이 아님에도 가족의 역할과 기능이 설정된 생활 공동체의 실현인 셈이다.

타이틀처럼 내용은 좀도둑화된 유사 가족의 생활 이야기를 담고 있다. 어떻게 얽혀 살다 보니 대가족처럼 6명이 모였지만, 마땅한 호구지책은 없다. 연금생활자인 할머니역의 쌈짓돈이 전부다. 40대 중년의 부모역은 직업이 없다. 그래서 생필품을 훔친다. 절도는 이들 타인 가족을 뭉치고 또 깨지게 만드는 주요 소재다. 등장인물들은 모두가 약자적 소시민이다. 현대사회의 패배자로 절도 없이는 숨쉬기 어렵다. 훔치지만 역설적이게도 훔침을 당한 취약가족임을 은연중 내비친다.

영화는 묵직한 여운과 심오한 화두를 던진다. 적당한 거리로 남남이지만 유쾌하게 살아내는 6명의 이상한 동거가 어쩌면 핏줄을 내세운 일방적 희생과 강압적 폭력의 가족보다 낫지 않겠냐는 물음을 반복해서 던진다. 요컨대 '가족이란 무엇인가'라는 고민에서 출발해 그 답을 찾아간다. 답은 제각각이겠으나, 중요한 건 잊혀진 가족의 존재와 본질, 그리고 진정한 가족의 지향점을 둘러싼 생각거리를 던져준다는 점이다. 갈등과 해체를 강요하는 현대사회에 맞서 소중한 가족가치를 지켜내자는 의미다. 혈연·맹목적 가족주의가 건재한 한국 사회에선 조금 낯설게 느껴질지 모르지만, 이미 당면한 화두다.

지금 한국 중년에게는
가족만큼 힘든 것도 없다

그렇다면 정말 가족이란 무엇인가? 확실한 건 내부적 연대와 외부적 파괴 앞에 놓인 이중적인 존재란 점이다. 행복한 가족조차 불화를 내재한다는 점에서 아슬아슬한 혈연조직으로 전락했다. 언제 터질지 모를 시한폭탄을 지닌 가족도 많다. 그 클라이맥스가 중년 연령대에 발생한다. 4050 세대로 부모 봉양과 자녀 양육의 의무가 절정에 치닫는 데다, 본인 노후까지 가시권에 들어와서다. 반면 가족 유지의 원동력인 경제활동은 살얼음판이다. 구조적 저성장은 중년 가구의 소득활동을 위협한다. 샐러리맨이라면 언제 닥쳐도 이상하지 않은 상시적 구조조정마저 코앞이다.

중년에게 가족은 전부다. 전통관념을 준용하며 물적·심적으로 부모를 위하고 자녀를 챙기는 최후 세대다. 효도를 의무로 아는 부모와 효도를 기대하기 힘든 자녀에 낀 최초 세대인 건 물론이다. 중년은 그래서 어렵고 힘들다. 확보한 자원조차 한정적이라 한층 딜레마다.

중년은 유한하다. 체감하는 인생의 속도는 가팔라진다. 해결해야 할 숙제가 남았는데 날은 저무는 고빗사위에 섰다. 고꾸라지면 대부분은 가족 해체로 직결된다. 가족을 만들고 지켜낸 중년에게는 곳곳이 위험 지대다. 자녀는 멀어지고, 부부는 벌어진다. 와중에 속 모르는 부모는 다가선다. 지키려는 노력과 깨려는 압박이 치열하게 부딪히며 가뜩이나 힘든 중년의 삶의 무게를 짓누른다. 굳이 깨지지 않아도 한 지붕 투명 가족처럼 분리된 삶을 택한 경우마저 적지 않다. 깃털처럼 사소한 촉발제만 얹어지면 가족 해제는 시간문제다. 뜨거운 사랑이 차디찬 배반으로 되돌아오는 셈이다.

"가족만큼 힘든 건 없다. 가장 가까운 존재이면서 가장 이해하기 힘든 상대다. 지금까지 가족은 성역화됐다. 많은 이들이 단란한 가족이라는 주술(呪術)에 속박을 받아왔다. 가족은 그만큼 멋진 것일까? 실제로는 그렇잖다. 가족과 연관된 사건 사고는 반복된다. 그럼에도 가족은 여전히 미화된다. 과연 가족이란 무엇인가?"

이 주장에 동의하는가? 한국의 중년 세대라면 쉽사리 부정하기도 수긍하기도 어려운 문제제기다. 그럼에도 대체적으로는 수긍하는 분위기로 흘러가고 있다. 가족을 구성한 후 십수 년을 살았다면 적어도 완벽하게 부인하기란 어렵다. 그게 행복과 고통이 오가는 삶의 흔적인 까닭이다. 반대로 가족 불화로 상처를 겪었다면 위물음에 일정 부분 동의한다. 단란한 가족이라는 환상에 속박돼 삶의 의미와 가족의 가치를 잃어버린 경험 때문이다.

위 주장은 2015년 일본에서 출간돼 화제를 모은 책《가족이라는 병》에 나오는 대목이다.** '가족은 행복'이라는 인식을 거침없이 주술이라 규정해 출간 당시부터 상당한 논란을 낳았다. 가족을 둘러싼 문제가 급증하는 가운데, 표준에서 벗어난 새로운 가족 유형의 등장과 함께 현대사회의 가족을 다시 생각하자는 책의 논점은 많은 공감을 얻었다. 가장 가깝지만 가장 이해하기 힘든 가족을 재고함으로써 '가족이니까'의 행동 전제를 깼다는 점에서 두고두고 회자된다. 이는 〈어느 가족〉의 화두와도 곧 연결된다.

'가족다움'을 내려놓고
'자기다움'을 올릴 때 치유된다

병을 앓고 있지 않는 가족은 없다. 건강해 보여도 조금만 들여다보면 크고 작은 문제가 드러난다. 밖으로만 그렇지 않은 척할 뿐이다. 사이좋고 넉넉하며, 서로를 챙기고 위하는 가족은 이상향에 가깝다. 따라서 환상을 버리고 현실을 대하자고 권유한다.

방법은 단순 명쾌하다. 가족보다는 본인을 먼저 생각하는 것이다. 가족은 타인이란 게 대전제다. 완벽한 남까지는 아닐지언정 분명 내가 아님은 확실하다. 힘들고 아픈 건 대부분 가족 탓이다. 본인

** 下重暁子, 《家族という病》, 幻冬舍新書, 2015. "행복한 가족이란 건 존재하지 않는다"의 카피로 큰 인기를 끌었다. 60만 부를 돌파한 베스트셀러의 여세를 몰아 2016년엔 2탄(家族という病2)이 발매됐다. 포인트는 서양문화에선 이해하기 힘든 일본(동양)적 가족관을 벗어나자는 데 맞춰진다.

문제를 빼면 십중팔구 가족이 인생을 고달프게 만드는 괴로움의 진원지다. 우연히 핏줄로 얽힌 가족으로 살지만, 실은 전혀 다른 인생을 사는 타인임을 잊기 때문이다. 그래서 누구보다 잘 안다고 여기며 기대하고 실망한다. 이런 상처가 축적돼 불화로 터지고, 돌아오기 힘든 다리마저 쉽게 건넌다.

'가족=타인'이라는 인식은 가족이라는 병을 치유하기 위한 전제다. 가족과 적당한 거리를 두고 그들이 본인이 아님을 인정하는 게 좋다. 그래야 이해하고 납득된다. 모두가 스스로의 인격을 되찾고 자기다움을 실천할 때 가족은 회복된다. 요컨대 가족을 고를 수 없기에 정해진 가족을 받아들이고 각자의 역할을 행하는 것에 만족하자는 쪽이다.

'가족다움'을 내려놓고 '자기다움'에 충실해야 병은 치유된다. 나를 제대로 알 때 가족도 품을 수 있기 때문이다. 그렇다고 가족과 연을 끊거나 유대를 소홀히 할 필요는 없다. 약간의 거리만 둬도 상대를 앞에 두고 끙끙대지 않은 채 편해질 수 있다.

한국 사회는 전대미문의 낯선 위기 앞에 놓였다. 예전엔 없었던 새로운 가시밭길이 곳곳에서 목격되고, 버텨내기도 만만치 않다. 이럴수록 가족은 더할 나위 없이 든든한 안전망이 되어준다. 가족이란 병에 걸렸어도 치료할 방법은 있다. 생존위기를 절감하는 중년은 특히 이 병을 조심하는 게 좋다. 자칫하면 치명적인 상황에 빠진다. 스스로 자녀에게서 벗어나지 못하는 부모가 아닌지 고민하고, 부모에게서 떨어지지 않으려는 자녀를 어떻게 대할지 신중히 고민할 때다. 부모와의 관계 설정도 마찬가지다. 새로운 방식이 요구된다.

일본의 한 사이트에서 '가족이란 무엇인가'를 묻고 이를 단어로 취합하니 30가지 중 28가지가 긍정적이었고, 부정적으로 평가된 건 단 두 가지, '세상에서 가장 이상한 사슬(鎖)'과 '가장 큰 약점인 아킬레스건'뿐이었다.*** 즉 여전히 가족은 축복일 확률이 높다. 다만 재앙과는 그 차이가 백짓장에 불과한 만큼, 가족 시스템의 결정권과 장악력을 지닌 중년이 무게중심을 잘 잡아야 한다.

너무 사랑해서 너무 아픈 존재면 곤란하다. 너무 가까워 정작 알기 어렵다면 더 곤란하다. 가족이라는 의미는 많은 노력과 변화로 조금씩 완성되는 쉽지 않은 숙제다. 부정을 넘어 긍정을 향해, 갈등을 재운 행복을 위해 지금 필요한 건 한 개인의 주체로서 가족을 보려는 시선이다. 막연한 희생보다는 '자기다움'을 되찾을 때 가족은 행복해진다.

*** Happylifestyle이란 사이트(https://happylifestyle.com/12126)에서 취합한 가족이란 무엇인가를 생각하는 30가지 단어(家族とは何かを考える30の言葉)의 결과. 긍정적인 평가가 압도적이었다. 집의 기초, 학교, 공기, 수호신, 예술, 운명 공동체, 탈의장, 고향, 피난소, 요리, 일광욕, 충전기, 프로젝트팀, 창문, 흑자, 은행 등이다. 하나같이 밝고 맑은 영혼의 안식처처럼 여겨지는 단어다.

이혼 후 당당해진 중년의
새로운 가족 실험

"이혼은 부부 모두에게 아픔이며 자녀에게도 커다란 상처다. 부모님들의 충격과 근심 또한 깊을 것이다. 해체된 가족 모두에게 상처인 이혼. 이혼하는 사람들이라고 모르지 않을 것이다. 그렇다면 왜 아픔과 상처를 무릅쓰고 이혼하는 것일까? 그것은 다름 아닌 '나답게' 살기 위한 것이 아닐까 하는 생각을 한다. 나는 그랬다. 정말 나답게 살고 싶었다. 평생 한을 품은 채 상대를 원망하면서 불행하게 살아가기보다는, 진정 평화로운 마음으로 나답게 살고 싶었다. 그래서 이혼했다." *

한국 사회가 이혼 앞에 당당해졌다. 낙인 효과나 주홍글씨는 사라졌다. '하면 하고 말면 말고'의 일상다반사적인 이슈로 전락했

*   은파 저, 정다희 그림(2018), 《이혼이 어때서?》, 도서출판 다웅, 프롤로그 중 일부.

다. 내놓을 것까진 없으나, 감출 것도 없는 그저 그런 에피소드일 뿐이다. 이미 파탄이 난 부부 사이를 억지로 참아가며 유지할 이유도, 의지도 없다. 그래서인지 너무 쉽게 헤어진다는 염려마저 적지 않다. 순간의 감정이 손쉬운 이혼을 낳아서다. 이혼은 연령을 불문하고 증가세다. OECD 국가와 비교해도 상위권이다. 두 쌍 중 한 쌍이 이혼한다는 통계는 산출 방식에 잡음이 많아 그대로 받아들이긴 어렵지만,** 그렇다고 한국의 이혼율이 낮은 건 결코 아니다. 더구나 갈수록 늘어난다. 한국의 조이혼율(인구 1,000명당 이혼율)은 1990년 1.1명에서 2016년 2.1명까지 뛰었다.*** 최근엔 황혼 이혼까지 급증했다. 적어도 이혼이 흔해진 건 사실로, 이는 부부 파경을 경원시하는 한국 사회의 중대 변화 중 하나다.

**   이혼율 통계는 그때그때 다르다는 게 정설이다. 흔히 알려진 이혼율 50% 운운하는 통계는 독특한 산정 방식 때문이다. 특정 연도의 '이혼 부부 수/결혼 부부 수'를 백분율로 산출해 잡음이 있을 수 있다. 가령 결혼 부부 수는 한 해 숫자인데, 이혼 부부 수는 그때까지 결혼한 모든 부부를 분자로 둬 정확한 분석이라 보기 어렵다. 다만 국제적으로는 미혼 인구까지 모두 포함해 비교하는 조이혼율을 채택한다.

***   OECD, '한눈에 보는 사회 2019' (2019.04.01.)

흔해진 이혼 시대,
그럼에도 중년 이혼은 참고 또 참아라?

그래도 중년 이혼은 덜하기 마련이다. 막 합가해 성격 차이가 불거지는 청년 부부와 달리 신혼의 고비도 여러 번 넘겼기 때문이다. 자녀까지 뒀다면 이혼의 고전적인 후폭풍도 알기에 더 신중해질 수밖에 없다. 익숙한 생활상도 이혼 결정을 지체시킨다. 한쪽의 경제력에 의존한다면 이혼 이후의 삶도 걱정스럽다. 웬만하면 참고 사는 카드가 남을 수밖에 없다. 한편 중년의 이혼은 고령 부부의 황혼 이혼과도 구분된다. 노년기에는 자녀를 분가시키고 은퇴한 이후의 노후를 떠올리면 더 늦기 전에 헤어지는 것도 나쁘지 않다. 살 만큼 살았고 재산 분할도 가능해 불편한 인고의 생활을 유지할 이유는 희박해졌다. 다만 중년 이혼은 다르다. 쉽사리 결정하기엔 애매하다.

그렇다면 중년 이혼은 신중히 선택하는 게 맞다. 신혼·황혼보다 이혼을 선택할 결정적인 동기나 근거가 부족하다. 그런데 현실은 아니다. 어느새 중년 이혼조차 낯설지 않은 사회로 들어선 지 오래다. 일방적인 감내·희생만으로 살아가기엔 인생이 길어졌고, 판단력도 깊어졌으며, 이혼을 둘러싼 경제적 대안책도 확대됐기 때문이다. 자녀를 비롯한 가족의 동의를 받는 것도 한결 수월해졌다. 무엇보다 누구의 엄마, 아빠라는 간접적인 명찰 대신 본인이 본인일 수 있는 길을 걸으려는 중년의 가치 전환이 중년 이혼 증가의 가장 큰 배경이었다. 이제 중년 특유의 무게나 압박감은 이혼 결정에 방해되지 않는다. 당당한 인생에 타이밍은 없는 법이다.

이혼의 고정관념은 수정된다. 떠밀려서가 아닌 원해서 택했기에 당당하고 떳떳하게 이혼 이후의 삶과 마주한다. 선택에 따른 책임만 지키면 될 뿐 패배자의 이미지는 거부된다. 상당수는 고통에서 벗어날 수 있는 출구를 찾았다는 점에서 상쾌한 해방감마저 느낀다. 즉 이혼했다고 해서 결혼 경험을 실패한 인생으로 확정짓지 않는다. 함께하는 생활이 더 이상 즐겁지 않아 내린 결정답게 상대에 대한 증오와 저주도 그때뿐일 때가 많다. 쉽지 않을 듯한데, 친구처럼 지내며 원만한 관계를 유지하거나 행복해지길 축복하는 경우까지 있다.

전해들은 얘기다. 한 동갑내기 부부는 결혼 생활 10년을 훌쩍 넘긴 마흔 중반에 헤어졌다. 슬하에 딸 하나를 뒀는데, 남편이 양육하기로 하고 합의 이혼했다. 이혼 사유는 흔하디흔한 성격 차이에 따른 불화였다. 고정관념대로라면 둘은 친구는커녕 원수처럼 지냈을 것이다. 그런데 이 부부와 자녀의 현실은 다르다. 딸은 한쪽의 부재를 느끼기는커녕 집이 아빠 집, 엄마 집 두 군데라 골라잡을 피난처가 생겨 더 좋다는 입장이다. 결국 중년 이혼을 단순히 불행한 가족 해체로 규정할 수는 없다. 맞지 않는데 피곤하게 함께 살면서 갈등을 빚기보다는 따로 살며 각자의 역할에 충실한 게 낫다. 덕분에 둘은 딸 때문이라도 가끔 만나 자녀의 부모로서 인연을 유지한다.

중년 이혼을 둘러싼
지지와 응원의 목소리가 커지고 있다

물론 헤어진 부부가 친구처럼 지내기란 어렵다. 갈라설 만큼 감정의 골이 깊을 테니 말이다. 다만 앞으로는 달라질 여지가 크다. 이혼을 종용하진 않아도 굳이 숨길 것은 없다는 게 이미 사회의 보편적인 분위기다. 신혼이나 황혼 때의 이혼이면 몰라도 중년 이혼은 고려사항이 많아 더 고민스럽겠지만, 사회적 관념도 많이 바뀌었기에 무조건 경원시할 일은 아니다. 오해와 편견에 함몰돼 스스로의 삶을 포기하기엔 중년의 시간은 너무 길다.

당당해진 중년은 자연스럽고 고무적이다. 잘못 끼운 가족 구성의 단추는 얼마든 바꿔 달 수 있는 시대다. 자발적인 선택인 만큼 이혼도 재혼도 응원해주는 게 맞다. 확연히 달라진 후속 세대인 자녀들에게도 양친의 이혼 선택이 핏줄을 버린 이기심이 아니라 본인을 찾아가는 자기애로 비춰질 정도다. 부모도 어차피 한 사람의 인간이기에 그들의 삶을 존중하겠다는 자세다. 부모 역시 자녀를 소유물이 아닌 나와 다른 객체로 인정하는 분위기까지 적지 않다. 가족 형태에 따라 행복과 불행을 논하는 건 구태적 유물일 따름이다.

모든 선택이 그렇듯 결혼도 위험을 동반한다. 단 한 번의 시도가 반드시 성공적인 결론에 닿는다는 보장은 없다. 그런데 유독 결혼만큼은 실패가 허용되지 않거나 재고가 요구되는 경우가 많다. 좋은 선택을 위한 데이터가 부족한 상황에서 결정된 결혼이 꼬여버렸다면 서둘러 풀어야지, 방치해서 좋을 것은 없다. 출산은 되돌릴 수 없어도 결혼은 되돌릴 수 있다. 조만간 자녀조차 이혼을 결정하는 데 있어 응원군이 될 날이 머지않았다.

한국적 정서와는 괴리되지만, 이혼은 빠를수록 좋다. 개전될 가능성이 없고 맘이 떠났다면 이혼은 사실 속도감 있게 하는 편이 좋다. 중년이라고 더 고민할 근거는 없다. 1~2년 만에 이혼하나 20~30년 후에 이혼하나 똑같다. 묵혀봐야 새로운 도전만 방해할 따름이다. 사랑 없는 결혼 생활이 길어질수록 충격은 크고 생기는 건 스트레스뿐이다.

나 홀로 아저씨, 아줌마의 등장
중년 싱글의 노후 고민

중년의 가족 실험은 이혼과 재혼만이 아니다. 시대 변화는 이와 다른 새로운 형태의 중년의 생존 실험에도 주목한다. 중년인데 홀로 살아가는 생활 모델의 제안, '중년 싱글'이다. 이는 중년이라면 당연히 가족을 구성하고 있을 것이라는, 전통적인 가족 모델에 맞서는 새로운 선택지다. 아저씨, 아줌마가 혼자 산다는 건 여전히 낯설고 예외적인 현상으로 이해된다. 그도 그럴 게 보통 1인 가족은 청년 혹은 독거노인이란 이미지가 짙다. 중년에게는 으레 누군가의 엄마, 아빠로 돌아가야 할 집과 식구가 있을 걸로 판단된다. 나 홀로 중년이 알려지면 없는 사연까지 확대되는 게 현실이다. 어떤 연유로 그 나이에 혼자 사는 것인지 궁금해한다. 비정상으로 낙인찍히는 일이 비일비재하다.

앞으로는 달라질 전망이다. 아직은 중년 싱글이 특별한 취급을 받지만, 결혼을 거부하고 출산마저 파업하는 지금의 20~30대가 중년기에 접어들면 중년 싱글의 비중은 확대될 수밖에 없다. 한국처럼 결혼이 힘든 사회에선 만혼 의지가 곧 비혼 현실로 실현된다. 이들이 나이를 먹으면 홀로 사는 아저씨, 아줌마로 인식될 수밖에 없다. 물론 안쓰러워할 필요는 없다. 이미 앞에서 언급했듯, 경제력이 전제된 자발적인 중년 싱글은 되레 새로운 사회 트렌드로 부각되며 다양한 가족 형태 중 하나로 안착할 수 있다. 소득 증가에 발맞춰 가족 대신 본인을 위한 소비를 함으로써 새로운 시장의 개막도 기대된다. 중년이 택한 각자 가족이 하나의 주류 선택지로 이해될 날이 머지않았다.

다만 걱정거리는 남는다. 가족 구성에서 비켜섰다는 점에서 발생하는 각종의 불협화음이 그렇다. 결혼, 출산 등 가족 기능을 원천적으로 배제한 탓에 나 홀로 모든 걸 책임질 수밖에 없기 때문이다. 경제력이 부족할수록 중년 싱글의 미래는 어둡다. 적어도 지금까지는 경제력이 악화될 확률이 높은 중년 이후의 싱글 생활이 부담스러울 수밖에 없다. 당장은 버텨도 소득 단절이 생기면 빈곤한 현실로의 전락은 불가피하다. 사회 전체로서도 이들을 품으려면 복지 비용을 추가로 지출할 수밖에 없다.

중년 싱글의 이 같은 고민은 가족 대행을 모색함으로써 구체화된다. 늙어간다는 건 어차피 혼자일 때가 닥친다는 의미로 사실 중년 싱글뿐 아니라 전체 세대에 해당되는 이슈다. 중년 싱글의 차별화는 그 타이밍이 빠르다는 것뿐이다. 가령 돌봐줄 가족이 있는 경우와 달리 중년 싱글은 부모 형제 사후 고독사에 빠질 확률이 높아 대책 마련이 시급하다. 이들의 유력한 선택지는 '느슨한 가족'이다. 가족까진 아니지만, 가족 기능을 대체해줄 타인과의 관계성을 미리미리 돈독히 챙겨두는 식이다. 만일의 사태가 발생하면 서로 도와주기로 약속하고 일상적인 안부를 확인하거나 대화의 기회를 가지며 유대감을 쌓는 형태다. 최종적으로는 근처에 살거나 함께 거주하는 대안도 유력하다. 늙어갈수록 도움 요청이 잦아진다는 점에서 근거(近居)와 동거(同居)를 통해 고독사를 방지하는 차원이다.

해외의 각자도생 공존법 전통 모델에 맞선 일본 중년의 일부다처 실험

　　일본의 사가현(佐賀県)에 사는 한 가족[****]은 일부다처를 주장한다. 남편성을 따라 니시야마(西山)로 불리는 집안이다. 결혼한 배우자와 6개월간 살던 중 회사 직원이던 다른 여성에게 끌렸던 게 출발이다. 전형적인 양다리 혹은 바람일 수밖에 없다. 기혼자면 다른 이성이 생겨도 욕망을 억누르는 게 보통이다. 남편도 노력하지 않은 건 아닌데, 직장 동료니 매일 볼 수밖에 없었다고. "사고를 당했다"는 그의 표현처럼 통제되지 않는 상황이 반복됐다. 아내에게 감출 수도 없거니와 그렇다고 아내를 사랑한다는 사실이 달라진 것도 아니다. 3개월의 고민 끝에 털어놓았을 때 얄궂게도 아내는 임신 상태였다.

　　행복은 순식간에 재앙으로 되돌아왔다. 아내는 기겁했고 큰 충격 속에 자신감을 상실했다. 아연실색은 곧 상황 판단으로 연결됐다. 상대 여성은 아내도 잘 아는 직원인 데다 착하고 능력까지 좋은 사람이었다. 인정하기로 했다. 남편의 마음을 통제하지 못할 바에야 본인 마음과 정면 승부하는 수였다. 어차피 남편을 택한 것도 본인이라 받아들이기로 했다. 엄청난 각오였다. 남편이 은밀한 두 집 살림을 하는 대신 솔직하게 고백한 것도 기여했다. 숨기고 거짓말을 하지 않았다는 얘기다. 남편도 아내와 행복하겠다는 과거의 결심이 바뀐 건 아니었다. 본인 가치관에 철저히 충실한 셈이었다.

　　이쯤에서 두 번째 부인의 생각이 궁금하다. 남자로 좋아했지만, 아내

****　　新R25編集部, '本音で生きると決めたらこの形になった, 一夫多妻で暮らす西山家のリアル(前編), (2018.11.13.)

와도 알고 지내는 사이라 둘 사이에 굳이 끼어들 결심까진 못했다. 셋이 모였고, 얘기를 계속했다. 이때 결혼이란 뭘까 진지하게 고민했다는 후문이다. 남편·아내는 어때야 한다는 속박적인 결혼관에 반론이 생기기 시작했다. 두 번째 부인이 3명이 행복한 길을 찾자는 아이디어를 냈다. 결성 조건은 딱 하나. 3명 중 1명이라도 불행해지면 그만두는 계약이다. 남편 1명과 아내 2명의 일부다처 생활은 이렇게 시작됐다. 2018년 기준 6년째 현재진행형이다. 첫 아내와 자녀 둘을, 두 번째 아내와 자녀 넷을 둔 9인 대가족의 탄생이다.

그래도 문제는 남는다. 기존 사회가 일부다처를 거부해서다. 호적상의 문제가 그렇다. 그들의 선택은 3명 모두 독신으로 남는 카드였다. 첫 아내와 이혼 후 두 번째 아내와 호적상 부부가 되자마자 다시 이혼하는 식이었다. 중혼을 금지하는 일본에서 니시야마라는 성을 9명 가족이 모두 쓰려면 이 방법뿐이었다. 이혼한 후에는 과거 남편의 성을 그대로 쓸 수 있어서다. 표면상 동성(同姓)의 통일성은 유지됐다. 어쨌든 낯설고 이상한 일부다처의 가족 구성을 가만히 내버려둘 언론은 없다. 정상 가족은 아니란 의문에서 인터뷰가 반복된다. 일반론으로선 결론이 개운치 않은 것도 사실이다.

아내 2명 사이에서 중심을 잡기란 꽤 어렵다. 하지만 당사자는 꽤 정리가 된 듯하다. 첫 아내와는 인생 동지로서 사랑하고(愛), 두 번째 아내와는 연애 감정으로 좋아한다(好)는 투다. 신기한 건 포기인지 타협인지 모르겠으나, 2명의 아내 모두 인정하는 분위기란 점이다. 물론 좋을 수만은 없다. 정확하게는 일부다처 가족 생활을 그만두고 싶을 때가 훨씬 더 많다는 게 3명의 공통된 반응이다. 다만 그 사유는 일반적인 집안과 다르지 않다. 3명이라 독특하거나 이상한 이유는 없다고 입을 모은다. 주변 반응도 "생각했던 것보다 훨씬 평범하다"는 입장이다. 부부 형태가 다르지 실태는 같다는 의미다. 고정관념이 이들을 이상하게 투영시킬 뿐 꽤 보통 가족이란 뜻이다.

결국 핵심은 3명의 연결 고리다.***** 터놓고 모든 걸 얘기하는 신뢰 관계의 구축이다. 상상하듯 독점·질투는 자연스럽지만, 감추고 끙끙대기보단 대놓고 얘기하는 법을 택했다. 서로가 불행한 질투보다는 현실에 맞서는 진솔한 대화가 유효했다. 4명의 자녀를 집에서 출산한 경험도 아내 2명의 연결 고리를 강화했다. 생명의 탄생이라는 대사 앞에 서로 의지할 수밖에 없는 구조였다. 일심동체의 완성이란 자평이다. 역할도 나눴다. 한 명은 요리와 가사를 또 한 명은 자녀 양육을 담당한다. 엄마가 2명인 셈이다.

이들은 한술 더 뜬다. 이젠 3년 경신제의 결혼 시스템을 제안한다. 단발적 선택으로 영원한 사랑을 맹세하는 것에서 상호 기대와 의존감이 생기고, 이게 괴로움의 근원지라는 생각 때문이다. 다른 이가 생겨나면 배반이라 결혼은 파탄될 수밖에 없으니, 안 들키게 속이고 가장하며 자신다움을 상실한다고 본다. 3년 경신제는 3년마다 결혼의 지속 여부를 확인해서 다시 결정하자는 아이디어다. 아니면 끝내고, 맞으면 계속하는 식이다. 역으로 3년 시한이 있으니 상대를 더 중시할 수 있다. 평생이 아니니 소홀히 할 수 없어서다. 그만큼 배려는 커지고 있는 그대로를 존중한다.

*****　新R25編集部, '出産を支え合ったらもう嫉妬はなくなった, 一夫多妻で暮らす西山家のリアル (後編)' (2018.11.14.)

'따로 또 함께'가 만들어낸 변형 대가족

'72세 남편과 66세 아내는 92세 장모님과 산다. 은둔형 외톨이로 제방에 틀어박힌 30세 아들과 함께다. 답답해도 이 정도면 꽤 괜찮은 노후라 여기며…. 어느 날 큰딸이 빌려준 돈까지 말아먹고 남편과 사춘기 아들을 데리고 돌아왔다. 얼마 후 잘 살던 둘째 딸까지 이혼 후 뱃속에 아이를 품고 집으로 왔다. 4명이던 가족은 순식간에 9명으로 불어났다. 불가피한 대가족으로의 회귀다. 갑작스런 4세대의 동거 공간이 조용할 리 없다. 이제껏 없던 사건 사고가 중첩되며 가족 간의 갈등·분노가 드라마틱하게 펼쳐진다. 그럼에도 결론은 아름답다. 현대사회의 각종 문제에 얽히며 바닥까지 쳤지만, 가족의 힘으로 행복한 기적을 일으킨다.'*

*   나카지마 저, 승미 역(2016), 《어쩌다 대가족, 오늘만은 무사히!》, 예담. 책의 줄거리를 재구성했다.

소설《어쩌다 대가족, 오늘만은 무사히!》의 대략적인 줄거리다. 제목처럼 '어쩌다 대가족'에서 자유로운 이는 생각보다 적다. 묵직한 소재를 유쾌하게 풀어내 인기를 모았지만, 그 관심 배경엔 당사자성도 적잖게 반영됐을 걸로 추정된다. 주변을 봐도 자의 반 타의 반 독립 후 회귀한 사례가 상당하다.** 대놓고 내세울 자랑거리가 아니라며 감춰서 그렇지, 어쩌다 대가족으로 뭉쳐 사는 경우는 꽤 많다. 애초부터 독립하지 않았거나, 2차 가족을 꾸렸는데도 부모 슬하로 되돌아올 수밖에 없는 냉혹한 시대 상황 탓이다. 실패 이후 되돌아갈 곳은 결국 부모밖에 없어서다.

어쩌다 대가족은 불쑥 생겨난 자녀의 불행만으로 형성되진 않는다. 자발적인 대가족으로의 회귀 시도도 영향을 미친다. 즉 시대 악재를 극복하려는 부모 자녀의 상호 간 조율을 통해서도 어쩌다 대가족은 구성된다. 결혼해서 독립한 자녀에게 발생한 출산과 양육 이벤트가 대표적인 사례다. 물론 자녀의 부탁을 거절하기 힘든 부모가 어쩔 수 없이 동의한 경우가 대부분이다. 애틋하고 안쓰러워 매몰차게 거부하기가 힘들어서다. 요즘 젊은 부부들은 맞벌이가 대

** 이데일리, '아이 봐줄 사람이 없어서 대가족 늘었다' (2016.02.04.) 여성가족부의 '2015년 가족실태조사'에 따르면 조부모·부모·미혼 자녀의 3세대 대가족은 2010년 4.9%에서 2015년 5.7%로 늘었다. 반대로 '부부·미혼 자녀'의 전형적인 핵가족은 48.4%에서 44.2%로 줄었다. 특히 부부·미혼 자녀·한부모의 형태로 할아버지·할머니 중 한 명이 맞벌이 자녀의 손주를 돌보는 형태는 3배나 늘었다(1.0%→3.1%).

부분인지라 손주를 양육하는 일은 회피하기 어렵다. 결국 불가피한 거절 사유가 아니고서야 웬만하면 집을 합치도록 허락한다.

늘어나는 '어쩌다 대가족'
노년 부모의 행복은 어디에

결성된 계기가 호재든 악재든, 느닷없는 대가족은 노년 부모의 삶을 단번에 뒤흔든다. 노후 생활을 즐기려던 참에 제동이 걸린다. 힘들게 자녀를 독립시켜 놓고 어렵게 부모 봉양까지 끝냈으니 이제 더 늦기 전에 본인 인생을 찾으려던 계획이었을 터다. 지금껏 잘 살아낸 자기 자신에 대한 포상으로, 자아실현적인 행복을 모색했을 확률이 높다. 그런데 불쑥 던져진 자녀의 합가 상담은 모든 걸 수포로 내몬다. 출산 당사자인 딸을 둔 친정 부모가 대개 이 딜레마에 자주 노출된다.

물론 자녀의 제안을 뭉개는 용감한 노년 부모가 없진 않다. 갈수록 본인 가치를 우선하는 새로운 노년이 출현하고 있는 것이다. 자녀가 독립할 때까지 지원하는 것으로 부모 역할은 끝이라 여기는 경우다. 자녀의 선택을 지지하되 직접적인 지원은 제한함으로써 독립 객체로서의 일정 거리를 두고자 한다. 대신 자녀에게 효도를 강요하지 않는다. 봉양은 사양할 테니 효도 압박에 시달리지 말고 스스로의 2차 가족에 충실하라 권유한다. 지원을 해준다고 해도 '능력껏'의 범위를 벗어나지 않는다. 본인 생활에 방해가 될 만한 자녀의 부탁은 냉정하게 거절한다. 재산을 미리 물려주고 용돈을 받아 쓴다거나, 손주 양육과 노후 봉양을 거래하는 것도 피해야 할 노년기 삶으로 인식한다.

가족 분화는 독립 생활을 전제로 한다. 단, 교류의 단절을 말하는 것은 결코 아니다. 정도와 빈도야 제각각이어도 1차와 2차 가족은 서로 교류하는 것이 자연스럽고 또 바람직하다. 맺고 끊음이 비교적 확실한 서구조차 명절, 생일 등 특별한 날에는 대가족으로 회귀한다. 가뜩이나 가족 해체가 심각한 한국 사회라 가족 교류마저 거부하는 트렌드가 있는데, 여러모로 추천할 사안은 아니다. 물론 끈끈함을 넘어 "가족끼리 뭘들…"이란 식의 무조건적인 개입과 요구는 갈등을 유발할 수 있다. 남일 수밖에 없는 자녀의 배우자(며느리·사위)가 순종하던 시절은 지나갔다. 상황만 되면 부모와의 동거는 최대한 미룬다. 서로 적당한 거리일 때 행복이 커진다는 걸 체감한다.

느슨한 대가족으로의 결합,
동거·별거의 절충안으로

노후기에 진입한 요즘 부모부터는 자녀의 효도를 크게 바라지 않는다. 되레 제 식구만 잘 살아주면 그걸로 족하다는 신세대적 부모가 급증세다. 본인 노후를 스스로 챙김으로써 자녀에게 갈 부담을 최소화하는 조류도 힘을 얻는다. "안 주고 안 받아"라는 인식이 "다 줬으니 챙겨줘"의 과거 잣대를 추월한 지 오래다. 하물며 함께 산다는 건 어불성설이다. 역시 자녀와의 동거는 최대한 최후 카드로 빼둔다. "늙고 힘들면 자식네로 가야지"라는 동년배의 의향은 상황판단 못 하는 불행한 노후의 지름길로 여긴다. 자녀에게 의탁하는 노후 생활은 서로가 서로를 갉아먹는 시한폭탄임을 충분히 배웠고 또 익혔다.

그럼에도 거리 두기에 성공해 그들만의 은퇴 생활을 구가하기란 쉽지 않다. 경제 상황이 여유롭지 않은 자녀의 도움 요청을 외면하기란 사실상 어렵다. 따라서 자아를 실현하고 싶은 욕구와 자녀 도움 사이의 딜레마를 해소하기 위해 절실해질 수밖에 없다. 이때 유력한 대안 모델이 '느슨한 대가족'이다. 가족 기능은 발휘하되 동거 시의 갈등은 통제하는 새로운 대가족 체제다. 요컨대 앞서 잠깐 언급했던 '근거(近居)'다. 동거와 별거의 중간 개념으로 근처에 사는 선택지를 뜻한다. 가족을 나 몰라라 할 수는 없으니 따로 살되 함께 사는 효용을 확보하자는 차원이다. 대가족성을 지닌 느슨한 협력 구조로 금전보단 관계가, 지원보단 지지가 우선된다.

대가족의 정합성은 팍팍해진 가족 구성에 내몰린 자녀들의 필요에 의해서 출발하는 경우가 많지만, 잘 운영될 경우 부모 세대 역시 수혜를 볼 수 있다. 요컨대 느슨한 대가족이면 노년 부모의 딜레마가 적잖이 해소된다. 적당한 거리를 둔 만큼 본인 가치도 일정 부분 챙길 수 있어서다. 손주 양육 등 노년 생활을 포기하는 암울한 선택지는 회피하면서 자녀, 손주와의 관계는 돈독히 쌓을 수 있어 노년기의 고립 이슈도 자연스레 해결된다. 완벽하진 않아도 절충안으로 제격인 셈이다. 당연히 함께 살지는 않으니 동거에서 비롯되는 생활 갈등은 없다. 문제는 적절하고 적당한 거리를 설정하는 것이다. 가족 기능을 확보하되 독립 생활도 보장하는 '느슨한 대가족'을 어떻게 정의할 것인지가 관건이다.

부각되는 15분의 법칙,
독립된 생활도 세대 간 도움도 가능하다

느슨한 대가족으로의 거리 설정에 있어 참고해봄직한 선행적인 결과가 있다. 바로 '15분의 법칙***'이다. 동거·별거의 극단적인 선택지 대신 근처에 살되 교류하는 근거의 시공간적 거리로 15분

***   https://www.globalbase.jp/myrenojournal/?p=1119 일본의 국토교통성에 따르면 근거란 '주거는 달리하지만, 일상적인 왕래가 가능한 범위에 거주하는 것'을 일컫는다. 일반적으로는 국이 식지 않는 거리에 부모 세대와 자녀 세대가 거주하는 형태다. 도보·자전거·자동차·지하철 등을 포함해 최대 1시간 이내에 오갈 수 있는 거리까지 포함된다. 동거와 달리 상호 간의 프라이버시를 중시하는 생활이 가능하다는 게 최대 매력이다. 자녀 세대는 부모 세대로부터 자녀 양육 지원을 받을 수 있고, 부모 세대는 간병이 필요할 때 도움을 받거나 고립에서 벗어난다는 메리트가 거론된다.

내외가 효과적이라는 제안이다. 1차 가족과 2차 가족이 느슨한 대가족의 가성비를 높이자면 15분 정도 떨어져 살자는 의미다. 이는 다분히 일본적 사고 체계로, 15분이 국이 식지 않는 시간인 까닭이다. 한국에도 유의미한 적용 이론이다. 독립 생활을 원하지만 손주 양육 등 자녀의 도움도 냉정히 거절하기 힘들다면 고려해볼 만하다. 절충 형태인 '한 지붕 여러 문'의 대가족보다 더 독립적이라 '보이지 않는 대가족'으로도 불린다. 15분은 운전해서는 물론 도보로도 국을 날랐을 때 식지 않고 먹을 수 있는 거리다. 불가피한 한 지붕 대가족보다 3대에 걸친 근거형 대가족이 제안된 이래 일본에선 상당한 반향을 일으켰다.

욕구는 공급을 낳는다. 15분의 법칙은 일본의 주택 시장에 변화를 초래했다. 근거 욕구가 새로운 거주 스타일의 실현으로 연결된 것이다. 동거형 대가족을 위한 대형 평수 혹은 2~3층 복합 주택보다는 연령대별 욕구에 맞춘 소형 평수의 집이 대세로 정착됐다. 결혼, 독립 후 자녀 출산을 계기로 부모 집 근처로 옮기거나, 반대로 부모를 집 근처로 불러오는 경우에 맞춰 주택 공급의 패러다임을 수정하는 식이다. 부모와의 거주 스타일에 있어 동거보다는 근거가 확연한 트렌드로 확산됐다는 점에 주목한 결과다.

행정 지원도 잇따른다. 가령 UR임대주택(공영주택)은 양육 세대와 부모 세대가 동일 단지 혹은 2km 이내에 거주하면 근거 할인을 적용해준다. 일부 지자체는 특정 거리 안에 3세대가 거주하면 주택 구입 때 보조금을 지급한다.[****] 근거를 통해 복지 비용을 절감할 수 있기 때문이다.

맞벌이는 당연하지만 양육 문제는 여전히 해결될 기미가 보이지 않는 한국 사회에서도 참고해볼 만한 체제다.

[****] 도쿄의 스미다구(墨田区)는 의무교육 수료 전의 자녀가 있을 경우 부모 세대와 근거·동거하면 신축주택 50만 엔, 중고주택 30만 엔의 구입 비용을 보조해준다(직선거리 1km 이내일 경우). 정도의 차이는 있지만, 다른 지자체도 연령 조건을 갖출 경우 주택 마련 보조금을 지원해준다.

마지막 살 곳은
내 손으로 미리미리

"이곳은 교통시설이 편리해요. 입지가 좋죠. 인근에는 다양한 상업시설뿐
아니라 병원까지 있습니다. 병원과 연계한 맞춤형 의료 서비스도 좋아요.
하우스키핑이나 개인 집사 서비스 등 호텔급에 버금가는 부대시설과 서비
스를 제공해줍니다. 사회활동을 하는 액티브시니어들이 살기에는 최적의
장소라고 봐요. 동년배와 다양한 커뮤니티 활동을 하거나 자원봉사를 다
니면 마음만은 동심으로 되돌아간 듯합니다."*

생로병사는 맞서기 힘든 진리다. 최대한 덜 늙
고 건강한 삶을 원하지만, 마음먹은 대로 실현하기란 어렵다. 늙어
갈수록 더 그렇다. 6070만 해도 은퇴하지 않고 현역에서 좀 더 일할

---

*   의료일보, '경기불황? 시니어 타깃 서비스는 호황, 시니어 전용은 잘 나가네' (2014.09.16.) 기사 내
용 중 인터뷰로 나온 부분을 재구성해 요약·발췌했다.

자리를 찾는 신노년의 삶을 적극적으로 실현한다지만, 언제까지 지속될지는 미지수다. 되레 현실에선 노년 세대로 갈수록 자립 생활이 힘들어지는 게 일반적이다. 최대한 무병장수하길 원하지만 언젠가는 닥쳐올 병과 죽음을 받아들일 수밖에 없다. 시대가 아무리 급박하게 변화한다고 해도, 나이에 따른 생활의 변화는 변하지 않는 인류의 한계다.

그렇다면 남는 건 노후에 대한 대응 체계다. 달라진 신노년은 이 고민에 대해서도 적극적이고 능동적이다. 가장 고민스런 지점은 결국 생활의 마지막을 함께할 최후의 집을 고르는 것이다. 물론 소풍의 끝은 내 집이 최고다. 내 집에서 노환 없이 잠자듯 끝내는 인생은 모든 이의 바람이다. 하지만 현실적으로는 익숙한 공간에서 가족과 함께 생을 마무리하기가 쉽지 않다. 대부분은 가족이 아닌 다른 이의 보살핌 속에서, 혹은 홀로 고독하게 불행한 최후를 보낸다. 때문에 현실에 눈감고 이상만 좇아선 곤란하다. 신노년도 현실에서 비켜설 수는 없다. 그래서 대응이 유의미하다.

위 사례는 달라진 신노년이 마지막 집 찾기에 성공한 경우다. 워낙 유명한 프리미엄 고가 시설이라 일반화는 어렵지만, 파급 효과는 적지 않다. 이 시설은 실버 주택으로, 전통적인 한국의 현실과 맞지 않아 수요가 제한적일 거라는 우려 속에 초기에는 미분양이 많았다. 그러나 점차 계약 완판 속에 입소 대기까지 붙는 역전 승부를 이끌어내며 큰 주목을 받고 있다.** 이 과정에서 실버 주택이 고령 사회의 꽤 괜찮은 최후 공간이 될 가능성을 증명했다. 시대 변화와 새로운 고객수요가 절묘하게 맞아떨어지면서 실버 주택은 신노년의 마지막 주거지로 떠오른 셈이다.

복지 함정에서 탈출하기 위한
'생애 마지막 집 찾기'

노환, 빈곤으로 점철된 노후 생활은 점차 줄어들 전망이다. 달라진 가치관과 탄탄한 경제력으로 무장한 신중년이 속속 신노년으로 가세하면 전혀 다른 노후가 펼쳐질 확률이 높다. 지금은 그 초기 단계다. 늙음에 맞서고 전통과 상식을 깨면서 새로운 노년기 라이프스타일을 추동할 수밖에 없다. 즉 결국에는 노후 생활의 패러다임에 일대 혁신이 일어날 것이다. 앞서 등장한 사례는 프리미엄 고가 시설로 조금 극단적인 경우지만, 부자 노인만이 아니라 평범한 은퇴 생활자도 고려해볼 만한 다양한 선택지가 현실화되면 패러다임은 변할 수밖에 없다. 한국처럼 인구 변화가 극단적인 사회에서 결코 먼 미래 이야기는 아니다.

**   머니투데이, '최소수입 월 3,000만 원, 실버 VVIP들의 노후 생활' (2018.02.28.)

그렇다고 실버 주택이 완전한 범용성을 갖긴 어렵다. 어쩔 수 없는 일종의 불가피성이 내재된 선택이기 때문이다. 즉 실버 주택은 우선적 대안은 아니다. 스스로 고른 능동적인 선택이긴 해도 실제로는 어쩔 수 없는 현실 때문에 선택한 경우가 적지 않다.

달라진 신노년이라고 해도 플랜 A만으로는 건강한 노후 생활을 유지하기 어렵다. 자녀가 분가한 후 부부 또는 단독의 독립 생활을 즐겨도 끝은 있게 마련이다. 일상에서 불편한 생활이 지속되면 아무리 편한 제 집일지언정 계속 거주하기가 힘들어진다. 이때 자의든 타의든 플랜 B가 부각되는데, 플랜 B란 바로 자녀 등의 가족에게 의탁하는 방법이다. 다만 이는 선호되지 않는다. 서로에게 부담스러워 웬만하면 거부하는 게 신노년의 달라진 가치 체계다. 그래서 떠오르는 게 마지막을 보낼 새로운 거주 공간을 사전에 준비함으로써 미래 부담을 줄이는 것이다. 플랜 C다.

현실적인 타협의 결과지만, 설명력 있고 합리적이다. 능력과 조건에 맞춰 스스로 마지막 살 집을 고르려는 신노년의 접근 방식은 한국의 현실을 반영한 유력한 대안이다. 특이한 현상은 대응 준비가 선제적이라는 점이다. 보통은 힘들어진 극단에 이르러서야 플랜 C를 실천하지만 신노년은 좀 다르다. 건강할 때부터 마지막 살 곳을 정하거나 그곳으로 미리 옮기려고 한다. 늙어서는 누군가의 도움을 받을 수밖에 없어 어차피 플랜 C가 최선책이라면 일찌감치 경험해보자는 쪽에 가깝다. 그도 그럴 게 거주 환경은 라이프스타일의 총체적인 변화를 결정한다. 특히 독립 생활이 힘들어질 때 살아갈 노후 공간은 생활 수준에 결정적인 영향력을 갖는다. 꽤 긴 시간을 보내야 할 생활 공간이란 점에서 마지막 집은 매우 중요하다.

노후 품질을 결정짓는 마지막 집,
건강할 때 미리미리 준비한다

신노년은 윗세대로부터 플랜 C의 필요성과 가치를 속속들이 배웠다. 많은 직간접 학습의 결과는 '마지막 집은 미리미리'로 요약된다. 신노년은 본인 의지와 무관하게, 원하지도 않았던 마지막 집으로 이동하는 것은 거부한다. 냉혹한 현실에 굴복해 최후를 불행하게 보내는 선행 사례에서 벗어나려는 저항이다. 그렇기 때문에 아직 건강해서 본인 삶의 결정권이 있을 때 미리미리 방법을 모색한다. 정상적인 생활이 힘들어지면 졸지에 피보호자로 전락, 자신의 의사 결정과 희망사항이 무시되는 어쩔 수 없는 사례가 현실에서는 꽤 자주 목격되기 때문이다. 살아도 살지 않는, 숨만 쉬는 환자로까지 몰리지는 않으려는 강력한 의지의 표명이다.

달라진 신노년은 인생 끝까지 철저히 본인 의지를 지향한다. 자녀라고 해도 교류는 환영, 간섭은 거절한다. 이들은 생활 속 크고 작은 모든 결정을 완벽히 본인이 통제하고 관리하려 열심이다. 만일의 사태를 대비해 사전에 주변 가족에게 자기 의지를 전달해둠으로써 존엄성을 높이려는 차원이다. 즉 신노년이 꿈꾸는 노후 생활의 핵심은 자기 결정권으로 압축된다. 이는 재산 여부와는 무관하다. 현재 부유하다고 해도 넘어지는 순간 본인의 의지는 통하지 않기 때문이다. 환자를 돈으로만 보는 악질적인 일부 요양원·요양 병원의 고발 사례들도 자기 결정권의 필요를 뒷받침한다. 현대판 고려장 신세가 되지 않으려면 자발적인 최후 공간을 미리 준비해둘 수밖에 없다.

다만 아직은 선택지가 마뜩잖다. 마지막 집의 종류와 숫자가 생각보다 제한적이기 때문이다. 노년기를 위한 주거 형태가 점점 보완·강화되는 추세지만, 만족스런 수준은 아니다. 온전한 세대 분리와 본인 중심의 각자 셈법이 더 확산되고 고령화의 물결이 한층 가속화되기까지 시간이 필요하다.

선진국만 봐도 최후 공간에 대한 선택지가 굉장히 다양하다. 신노년의 대거 등장 예고로 어느 정도의 수요가 확보되었으니, 그만큼 확장된 공급이 연결되는 건 당연지사다. 한국은 복지 정책의 규제 탓에 최후 공간의 선택지가 실버 주택·요양원·요양 병원 등 아직은 일부에 머물러 있지만, 다양한 민간 주체의 참여 요구나 시장 조성이 불가피하다는 점에서 마지막 집의 선택 범위는 확대될 수밖에 없다. 병원·금융기관 등도 앞다퉈 마지막 집을 원하는 이들의 눈높이에 맞춘 사업에 적극적으로 나서고 있다.

마지막 집을 스스로 짓겠다는
신노년까지 등장

현재 기준 신노년이 고려함직한 인생 최후의 집은 실버(시니어) 주택·타운 위주다. 아직까지는 요양원·요양 병원이 친숙하지만, 액티브시니어를 지향하는 신노년과 매칭되기는 어렵다. 요양원·요양 병원은 '액티브'란 수식어와 어울리지 않아서다. 요양원은 생활 시설이지만, 요양 병원은 의료기관이다. 즉 돌봄(요양원)과 치료(요양 병원)로 구분된다. 의사 등의 의료 제공이 방문(촉탁)에 그치면 요양원, 상주하면 요양 병원으로 구분할 수 있다. 다만 요양원은 장기요양보험을 적용받기에 요양 등급을 받아야 들어갈 수 있다.

반면 실버 주택***은 보통 건강상에 큰 문제가 없지만 독립 생활이 힘들 경우 입주하는 생활 공간으로서 각종 지원이 이뤄진다.

*** 중앙일보, '실버타운, 수발 필요한 어르신 입주 안 돼' (2017.12.26.) 실버타운은 요양원·요양 병원이 아니다. 거주시설답게 대부분 건강한 고령 입주자만 선별해 받아들이는 곳이 태반이다. 자격 요건 중 가장 중요한 게 건강이란 얘기다. 경제력이 있어도 심각하게 아프면 들어갈 수 없다. 요양보호사·간병인 등의 의료 제공이 없는 데다 다른 주민과의 위화감도 고려되기 때문이다. 고급 실버타운의 마케팅 문구처럼 아파서 가는 곳이 아니라 호텔·리조트처럼 편한 기반 시설을 제공하는 걸 추구한다. 아파트처럼 매입·소유해도 운영 방침은 따르는 게 원칙이다. 대부분은 전세 개념처럼 입주보증금을 내고 일정 생활비를 납부, 거주와 함께 관련 시설이나 프로그램을 이용하는 식이다.

시장 논리에 따라 운영되기에 입주 조건은 천양지차다. 상상초월의 거액으로 호텔형 부가 서비스를 내세운 곳이 있는가 하면 큰 부담 없이 기초생활을 지원하는 곳도 있다. 공공·민간으로도 구분된다.**** 도심권에 위치했거나 차별된 서비스로 입소문이 난 실버 주택은 대기 인원도 상당한 걸로 알려졌다. 최근엔 요양원도 리모델링을 통해 새로운 노후 공간으로서 경쟁력을 강화하는 추세다.

새로운 시도도 잇따른다. 삶을 마무리할 마지막 집을 스스로 짓겠다는 보다 적극적인 실험이 그렇다. 사회 주택처럼 취지·성향·조건에 동의하는 복수의 신노년이 함께 모여 그들의 최후 공간을 스스로 설립하고 운영하는 것이다. 협동조합처럼 갹출(출자금)해 원하는 실버 주택을 세운 후, 입주민끼리 공동으로 경영하며 독립 생활을 보장한다. 신노년의 공통 문제를 서로 돕는 공동 생활로 책임져보려는 자발적이고 적극적인 행보다. 이는 최근 선진국에서 유행하는 일종의 커뮤니티 케어로 '독립 공간+생활 지원'을 지향한다. 노년끼리 가족 기능을 보완하는 집합 주거인 셈이다. 내 주변에도 이 취지에 공감해 동호회 주택을 지향하며 미리미리 사전 준비에

****　앞으로는 폭발적으로 늘겠으나, 지금으로선 숫자가 제한적이다. 2019년 기준 40여 곳에 불과하다. 요양원(3,328개), 요양 병원(1,548개)에 비해 턱없이 적다(2018년). 입주 조건은 천양지차다. 10억 원에 육박하는 입주보증금에 월 400만~500만 원(1인당)의 생활비를 받는 고가형이 있는 반면 각각 4,000만 원대, 30~40만 원이면 충분한 실버타운도 있다. 공공운영의 실버타운은 민간보다 더 저렴하다.

나선 사례가 있다. "늙어 아프면 아들네로 가야지"라는 충격 선언을 내뱉지 않으려는 노력이다.

실제 선진국에서는 신노년이 공공기관, 민간기관이 만들어 놓은 공간에 들어가는 소극적인 선택을 하는 대신, 자신의 의지와 상황, 조건에 맞춰 차별화된 노후 공간을 새롭게 창조하는 트렌드가 적지 않다. 기존의 공간이 다양성을 추구하는 신노년을 품어내지 못한다고 봐서다. 일례로 필요 시설과 서비스를 한곳에 모아 만든 은퇴 공동체인 미국형 CCRC^{*****}가 있다. CCRC^{Continuing Care Retirement Communities}는 미국에서 탄생한 대표적인 은퇴자 주거 공간이다. 은퇴 인구 집적 지역으로 '캠퍼스'로도 불리는 일종의 노인 동네이며, 그 안에서 노인에 대한 연속적인 돌봄이 제공되는 커뮤니티다. 건강할 때부터 간병이 필요할 때까지 이사 없이 계속해 돌봄을 받는 거주 단지다.

미국에는 약 2,000개소에 75만 입주자가 생활한다. 큰 곳은 1개소 3,000명의 단지도 있다. 건강한 고령자의 독립 생활^{Independent Living}, 보조지원을 통한 생활유지^{Assisted Living}, 전적으로 지원하는 전문시설^{Skilled Nursing Home} 등은 물론 치매 중심^{Dementia Unit}, 재활센터^{Rehabilitation Center} 등이 있다. 원하면 단독 생활도 가능하다. 일부는

***** 　전영수, 한경비즈니스, '일본판 은퇴마을, 지방 살릴까' (2016.03.24.)

출퇴근하며 직장도 다닌다. 음식점·탁아소 등도 운영한다.

이 밖에도 전용 공간과 공용 공간을 분리한 협동 주거형 자치 모델인 북유럽의 코하우징^{Cohousing}******, 일본의 다세대 교류형의 지역·주택 기반 커뮤니티 케어 등이 대표적이다. 유토피아의 실현으로 호평받는 프랑스의 참여형 노인 임대주택*******도 바람직한 선택지로 거론된다. 노후의 필요성을 시장화시키는 대신 노년 스스로의 연대로 최후 공간을 준비함으로써 가성비를 현격하게 향상시켰다. 한국 사회도 실현의 여지는 농후하다. 신노년의 마지막 집이 민간 주도의 자발적이고 민주적인 자치 운영으로도 확대되고 있기 때문이다.

****** 한경Money, '어디에 살 것인가, 글로벌 사례로 본 은퇴 주거의 다양성' (2015.03.24.)

******* 오마이뉴스, '젊은이에게 의존 안 해, 프랑스 노인이 늙어가는 방법' (2019.12.06.) 이른바 '바바야가의 집'이 대표적인데, 뜻을 같이하는 20여 명의 고령 그룹이 자치·생태주의·시민의식·연대라는 키워드로 집합 주거를 실현해냈다. 각자 전용 공간에 살되 공동체운영을 위해 공동활동을 하는 게 전제된다. 입주민의 자치 관리로 추가 비용을 억제, 경제성도 확보했다는 평가다. 성공 사례로 평가되며 다양한 추가 실험도 지속적이다.

해외의 각자도생 공존법 일본의 커뮤니티 케어 사례

　　나고야엔 '단신 여성+요간병 노인(간병이 필요한 노인)'이 조합된 생활 공간이 있다. 자유와 프라이버시를 중시하는 경향을 토대로 함께 삶으로써 쌍방의 메리트를 확인한 덕분이다. 구체적으론 간병이 필요한 고령자와 단신 여성 그리고 가족이 함께 사는 복지 커뮤니티다.[********] 긴 복도를 가진 목조 건물엔 요간병 노인용 13개, 단신 여성용 4개, 유자녀 가족용 1개의 방이 있다. 커뮤니티 케어답게 간병이 중요해 케어 매니저·도우미 시설도 병설됐다. 요간병 노인이 지역·사람과 연을 맺으며 일상생활의 끈을 놓지 말라는 차원이다. 지향점은 '보통 생활'이다. 그래서 통상 임대료의 절반(약 3만 엔)에 단신 여성이 입주하도록 기획했다. 아무래도 젊은 여성이 살면 활기가 넘치고 사람도 모여들 것으로 내다봤다. 단신 여성으로서도 간병 환경에 저항만 없다면 좋은 입지에 싼 비용은 물론 고립감에서 벗어날 수 있어 좋다. 이들은 사람이 늘 있는 공유 공간에서 함께 밥을 먹고 얘기하며 가족처럼 산다.

[********] 보치보치나가야(ぼちぼち長屋). 다세대 교류자 연촌을 지향하는 '고지카라(ゴジカラ)촌'의 계열 시설이다. SUUMOジャーナル, '単身女性と要介護の高齢者が共に暮らす、現代の長屋を拝見', (2014.4.14.)

어설픈 책임감에서 벗어나
개인의 행복을 채우다

행복은 절대가치다. 누구나 바라는 삶의 목표이자 우리 모두가 존재하는 이유다. 행복에 대한 기준은 사람마다 달라도 우리는 인생의 지향점을 자신만의 '행복한 삶'을 이루는 데 둔다. 그러나 아쉽게도 현실은 좀 다르다. 행복은커녕 불행부터 떠올리게 되고, 축복이어야 할 삶을 재앙처럼 여기는 경우도 많다. 절망 가득한 삶이지만 아침에 눈을 떴으니 또 하루 살아낼 수밖에 없다는 이도 적지 않다. 행복은 왜 어디서부터 엇갈린 것일까?

그간 한국 사회는 행복을 하나의 가치로만 수렴해서 강조해왔다. 더 빨리, 더 많이, 더 오래 갖는 물욕 가치의 확장판이다. 오늘보다 내일은 무조건 가진 것이 더 많아야 했다. 사실상 금전을 소유하는 것만이 유일무이한 행복 조건으로 설명됐다. 취업, 결혼, 양육, 은퇴 등의 생애 이벤트는 물욕 가치를 점검하는 전환점이자 다음 단계로 나아가기 위한 도약대였다. 그리고 이런 생애 사건들은 끝내는 계층과 계급을 결정짓는 평가 항목으로까지 안착됐다. 오로지 경제력만이 인생의 절대적인 지향점이 됐고, 한정된 자원을 둘러싼 경쟁은 거세졌다. 정의, 공정, 평등의 가치는 색을 바랬다.

아무리 봐도 비정상이다. 이런 사회는 지속될 수 없다. 운동장이 기울면 모두가 넘어진다. 정도의 차이이자 시간문제에 불과하다. 게다가 우리 사회는 더 가졌어도, 덜 가졌어도 불행을 호소한다. 행복 실현의 근원인 개인과 가족은 잠재적인 불행의 씨앗으로 전락했다. 가족은 겉돌고 개인은 힘들다. 시대가 주는 압박은 가족 갈등을 한층 가속화한다.

늦기 전에 행복을 찾을 때다. 비정상은 계속될 리 없다. 미혼 남녀의 후속 세대를 필두로 자발적이고 능동적인 행복 찾기가 시작됐다. 성장지향적인 패러다임 대신 눈앞의 행복을 챙기는 새로운 방향 모색에 나섰다. 현실을 참으며 행복을 미루는 윗세대의 경로는 거부되고, 이제는 내가 행복한 게 무엇보다 우선된다. 본인의 행복이 전제될 때 가족의 화목이 강화된다는 믿음에 근거한다. 다 같이 잘 살기 위해 자신의 인생을 스스로 책임지는 인생 모델을 좇는다. 달라진 가족 실험이 한창인 이유다. 혼자서도 얼마든 즐겁고 함께

라면 더 유쾌한, 고정관념을 깬 새로운 가족 재구성으로 각자도생의 행복을 실천한다.

새 술은 새 부대에 담는 게 맞다. 행복의 조건은 이제 미래를 살아갈 이들의 눈높이에 맞춰 바뀌는 게 바람직하다. 그러기 위해 당장에 필요한 건 인식 변화다. 생각은 쉽게 바뀌지 않는데도 불구하고 '요즘 애들이 변한다'는 건 그만큼 다급하고 절실해졌단 의미다. 그러니 그 변화의 길을 자신 있게 걸어갈 수 있도록 기존의 제도를 손질할 필요가 있다.

우선은 교육 체계부터 수정되어야 한다. 경쟁 위주의 교육에서 다양성을 인정하는 교육 방향으로 나아가야 한다. 어떤 인생일지언정 존중받을 수 있는, 새로운 가치 교육이 중요하다. 또 정상 가족이라는 범주에서 벗어난 여러 인생 모델도 공민권을 받도록 제도를 보강할 필요도 있다. 결혼의 민영화처럼 어떤 가족 조합도 차별받지 않도록 하는 차원이다.

유효했던 틀을 바꾸는 건 쉽지 않다. 시간과 노력이 생각보다 많이 요구된다. 새로운 틀을 마련하는 데 있어 기존의 틀이 편하고 유리했던 이들의 저항도 적지 않다. 그렇지만 이러한 저항이 제도 수정을 방치하는 사유가 되어서는 안 된다. 달라진 행복 실험이 부딪히고 넘어지면, 이는 곧 날선 부메랑처럼 한국 사회를 옥죌 게 뻔하다. 모든 건 타이밍이다. 포기하기 전에, 호소할 때 귀담아듣는 자세가 필요하다. 행복의 조건이 다양하고 제각각임을 인정하며, 그들의 변화 실험이 힘을 받도록 천천히 그러나 폭넓게 보조를 맞춰주어야 한다. 그 길은 생경하고 혼란스럽지만 인생의 행복을 되찾는 지름길이 될 것이다. 다행히 아직 한국 사회의 행복 실험은 건강하고 동시에 적극적이며 확장적이다.

개인이든 가족이든 행복을 위한 각자도생은 모르는 사이에 조금씩 시작되고 있다. 필요한 건 개별적인 각자도생 실험이 안착할 수 있는 환경을 정비하는 것이다. 달라진 가족과 다양한 인생이 저지되지 않고 저벅저벅 걸어 나갈 때, 한국 사회의 지속 가능성은 높아진다.

나와 가족이 행복해질수록 공동체와 사회도 행복해진다. 내 인내가 전제된 희생적인 행복 셈법은 이제 통하지 않는다. 즉 스스로 행복해질 때 모두가 즐거워진다. 이렇게 '각자'가 '도생'하는 달라진 행복 실험은 확산될 전망이다. 이제 어설픈 책임감은 잠시 내려놓자. 각자도생으로 내 행복을 먼저 채울 차례다.